Scoprire i Giochi Gratuiti Online

Disponibile Qui:

BestActivityBooks.com/FREEGAMES

5 CONSIGLI PER INIZIARE

1) COME RISOLVERE LE PAROLE INTRECCIATTE

I puzzle hanno un formato classico:

- Le parole sono nascoste senza spazi o trattini,...
- Orientamento: Le parole possono essere scritte in avanti, indietro, verso l'alto, verso il basso o in diagonale (possono essere invertite).
- Le parole possono sovrapporsi o intersecarsi.

2) APPRENDIMENTO ATTIVO

Accanto ad ogni parola c'è uno spazio per scrivere la traduzione. Per incoraggiare l'apprendimento attivo, un **DIZIONARIO** alla fine di questa edizione vi permetterà di controllare e ampliare le vostre conoscenze. Cerca e scrivi le traduzioni, trovale nel puzzle e aggiungile al tuo vocabolario!

3) SEGNARE LE PAROLE

Puoi inventare il tuo sistema di segni. Forse ne usi già uno? Per esempio, puoi segnare le parole difficili da trovare con una croce, le parole preferite con una stella, le parole nuove con un triangolo, le parole rare con un diamante, e così via.

4) STRUTTURARE L'APPRENDIMENTO

Questa edizione offre un **TACCUINO** alla fine del libro. In vacanza, in viaggio o a casa, puoi organizzare facilmente le tue nuove conoscenze senza bisogno di un secondo quaderno!

5) AVETE FINITO TUTTE LE GRIGLIE?

Nelle ultime pagine di questo libro, nella sezione della **SFIDA FINALE**, troverete un gioco gratuito!

Facile e veloce! Dai un'occhiata alla nostra collezione di libri di attività per il tuo prossimo momento di divertimento e **apprendimento,** a portata di clic!

Trova la tua prossima sfida su:

BestActivityBooks.com/MioProssimoLibro

Ai vostri posti, pronti...Via!

Sapevi che ci sono circa 7.000 lingue diverse nel mondo? Le parole sono preziose.

Amiamo le lingue e abbiamo lavorato duramente per creare libri di altissima qualità. I nostri ingredienti?

Una selezione di argomenti adatti all'apprendimento, tre buone porzioni di intrattenimento, una cucchiaiata di parole difficili e una spolverata di parole rare. Li serviamo con amore e entusiasmo in modo che tu possa risolvere i migliori giochi di parole e divertirti imparando!

La vostra opinione è essenziale. Puoi partecipare attivamente al successo di questo libro lasciandoci un commento. Ci piacerebbe sapere cosa ti è piaciuto di più di questa edizione.

Ecco un link veloce alla pagina dell'ordine:

BestBooksActivity.com/Recensione50

Grazie per il vostro aiuto e buon divertimento!

Tutta la squadra

1 - Scacchi

```
T E G E N S T A N D E R D R
J S T R A T E G I E O S I E
U M I L S R F N Q U J P A G
L I W I G A H I P V J E G L
K N T E A W Y N A A J L O E
G O X D T Z M O S C W E N M
Q H N Y A S J K S Y G R A E
O D B I X G V G I Q D Y A N
T I J D N P I R E F F O L T
Z S L G D G Z N F Z O R T A
A V B E X D I G G T Q E Y T
R U Y D R K Q N N E T N U P
M Z M C K E O L E U N H K I
G E S P E L N E O I P M A K
```

TEGENSTANDER	LEREN
WIT	PUNTEN
KAMPIOEN	KONING
DIAGONAAL	KONINGIN
SPELER	REGLEMENT
SPEL	OFFER
SLIM	UITDAGINGEN
ZWART	STRATEGIE
PASSIEF	TIJD

2 - Salute e Benessere #2

```
M E I R O L A C O O L Z A A
A G N U D H I Y W V Z I N L
S E F I E P Y C Y J N E A L
S N E V H U Z G H T Z K T E
A E C E Y H I N I A E T O R
G T T N D E E X S Ë A E M G
E I I E R R K N F J N M I I
V C E R A S E N L B A E E E
D A C G T T N V O E D I N G
B I Y I I E H N A O N O O Q
L J E E E L U F B H O G Z E
O V X E G N I Z O V Z E C B
E Q M F T T S U L T E E F D
D D T G E W I C H T G U F T
```

ALLERGIE	INFECTIE
ANATOMIE	ZIEKTE
EETLUST	MASSAGE
CALORIE	VOEDING
LICHAAM	ZIEKENHUIS
DIEET	GEWICHT
DEHYDRATIE	HERSTEL
ENERGIE	BLOED
GENETICA	GEZOND
HYGIËNE	

3 - Aggettivi #2

```
N  S  H  C  S  I  T  A  M  A  R  D  R  B
B  A  K  E  I  T  N  E  H  T  U  A  Z  T
E  I  T  A  T  G  E  Q  B  B  C  Q  U  F
S  N  E  U  O  O  K  R  F  T  N  S  V  E
C  T  E  L  U  O  E  H  K  W  H  T  W  I
H  E  H  B  Y  R  E  V  I  U  Z  O  U  T
R  R  D  P  E  D  L  E  O  E  K  R  C  C
I  E  W  Q  L  R  H  I  L  I  E  T  R  U
J  S  P  J  K  X  O  B  J  N  L  I  E  D
V  S  I  K  V  F  J  E  A  K  E  G  A  O
E  A  G  E  Z  O  N  D  M  P  G  J  T  R
N  N  N  O  R  M  A  A  L  D  A  Z  I  P
D  T  H  O  N  G  E  R  I  G  N  S  E  V
Z  O  E  T  X  P  C  Z  O  Q  T  G  F  O
```

HONGERIG	STERK
DROOG	INTERESSANT
AUTHENTIEK	NATUURLIJK
HEET	NORMAAL
CREATIEF	NIEUW
BESCHRIJVEND	TROTS
ZOET	PRODUCTIEF
DRAMATISCH	ZUIVER
ELEGANT	ZOUT
BEROEMD	GEZOND

4 - Ingegneria

```
O A B Z W R W M P D P D V V
L T E A W C O P K T D I O L
L N A P A M P T M I P E O O
D X M O T O R H A E E S R E
A J D B V I F C R T N E T I
Y S F B O W B A G I I L S S
U M V Y L U X R A L H E T T
T G H O E K W K I I C I U O
S W M E T I N G D B A G W F
D I A M E T E R Y A M R I P
S T R U C T U U R T E E N W
S H D I E P T E O S U N G N
B E R E K E N I N G G E N B
D I S T R I B U T I E W N U
```

HOEK
AS
BEREKENING
BOUW
DIAGRAM
DIAMETER
DIESEL
DISTRIBUTIE
ENERGIE
KRACHT

VLOEISTOF
MACHINE
METING
MOTOR
DIEPTE
VOORTSTUWING
ROTATIE
STABILITEIT
STRUCTUUR

5 - Archeologia

```
Y  I  N  R  H  N  T  I  J  D  P  E  R  K
N  A  K  O  M  E  L  I  N  G  K  L  B  C
E  B  R  L  M  T  I  T  E  M  P  E  L  Z
T  N  E  M  U  T  T  W  A  O  B  X  N  O
E  E  G  S  F  O  F  E  K  T  Z  D  Y  N
G  T  I  D  C  B  D  W  A  I  H  V  S  B
R  C  D  U  O  H  F  N  W  M  L  I  K  E
E  E  N  T  W  X  A  R  H  Q  H  E  N  K
V  J  U  O  W  U  R  V  Y  X  D  S  R  E
X  B  K  A  E  H  G  G  I  C  C  Y  D  N
R  O  S  S  E  F  O  R  P  N  Z  L  G  D
U  L  E  I  S  S  O  F  I  U  G  A  S  V
C  Z  D  I  E  H  D  U  O  I  I  N  B  X
M  Y  S  T  E  R  I  E  Y  H  S  A  Y  F
```

ANALYSE	MYSTERIE
OUDHEID	OBJECTEN
OUD	BOTTEN
BESCHAVING	PROFESSOR
VERGETEN	RELIKWIE
NAKOMELING	ONBEKEND
TIJDPERK	TEAM
DESKUNDIGE	TEMPEL
FOSSIEL	GRAF

6 - Salute e Benessere #1

```
B G H A U G B D K H S L O B
S N G O P R T R F G R V N E
J I R W R O Q I E W E K T H
M D S R D M T Q T U T D S A
G U T E G X O H W O K S P N
H O O G T E U N E M O P A D
A H W N K L D X E E D I N E
C Q I O O F K C F N K E N L
T T C H K E I N I L K R I I
I J N Ë I R E T C A B E N N
E I P A R E H T R H S N G G
F Z E N U W E N S U R I V G
M E D I C I J N F I M V V V
G E W O O N T E B D C Q K N
```

GEWOONTE
HOOGTE
ACTIEF
BACTERIËN
KLINIEK
HONGER
APOTHEEK
BREUK
MEDICIJN
DOKTER

SPIEREN
ZENUWEN
HORMONEN
HUID
HOUDING
REFLEX
ONTSPANNING
THERAPIE
BEHANDELING
VIRUS

7 - Aggettivi #1

```
G  S  A  E  X  O  T  I  S  C  H  Q  D  C
U  P  F  R  A  R  T  I  S  T  I  E  K  L
L  S  U  E  I  T  I  B  M  A  I  M  J  A
V  W  L  J  I  J  O  N  G  P  D  O  I  N
A  R  O  M  A  T  I  S  C  H  E  D  R  G
A  A  V  P  L  O  C  D  U  N  N  E  G  Z
B  A  E  A  E  O  S  A  Z  V  T  R  N  A
S  W  D  E  R  R  L  A  N  G  I  N  A  A
O  Z  R  J  N  G  F  H  X  C  E  B  L  M
L  G  A  Z  B  G  A  E  U  I  K  O  E  B
U  M  A  B  Q  R  Z  J  C  A  T  H  B  S
U  L  W  I  D  B  O  Z  H  T  H  D  F  Q
T  X  L  X  S  X  E  N  O  R  M  V  Y  J
I  C  O  O  V  W  I  E  E  R  L  I  J  K
```

AMBITIEUS	IDENTIEK
AROMATISCH	BELANGRIJK
ARTISTIEK	LANGZAAM
ABSOLUUT	LANG
ACTIEF	MODERN
ENORM	EERLIJK
EXOTISCH	PERFECT
GUL	ZWAAR
JONG	WAARDEVOL
GROOT	DUN

8 - Geologia

```
M  P  O  A  C  L  F  W  S  G  Z  M  S  E
I  I  E  O  O  F  O  Z  W  P  G  U  P  C
N  G  G  U  R  E  S  I  E  G  R  I  U  M
E  Q  H  R  B  L  S  Z  C  Q  O  C  S  R
R  K  A  L  J  A  I  O  E  F  T  L  T  L
A  U  X  J  Q  A  E  U  H  T  V  A  A  T
L  L  A  V  A  G  L  T  Y  L  U  C  L  E
E  P  Y  E  K  O  R  A  A  L  L  J  A  R
N  N  E  E  T  S  K  K  T  K  K  Z  C  O
Z  R  J  W  Q  A  U  T  V  W  A  R  T  S
T  S  G  X  I  G  L  Y  H  A  A  A  I  I
K  J  D  P  S  D  D  P  F  R  N  O  E  E
C  O  N  T  I  N  E  N  T  T  L  S  T  G
V  F  Z  N  E  L  L  A  T  S  I  R  K  N
```

ZUUR	GEISER
PLATEAU	LAVA
CALCIUM	MINERALEN
GROT	STEEN
CONTINENT	KWARTS
KORAAL	ZOUT
KRISTALLEN	STALACTIET
EROSIE	LAAG
FOSSIEL	VULKAAN

9 - Campeggio

```
K  Q  D  C  H  C  H  P  B  G  M  M  Z  N
O  V  I  O  A  G  T  A  L  I  P  A  B  A
M  Y  O  M  D  E  O  H  N  E  Q  A  E  T
P  C  R  E  N  I  B  A  C  G  Z  N  T  U
A  K  G  E  A  T  O  U  W  R  M  I  N  U
S  B  D  R  R  A  C  S  W  E  F  A  E  R
R  T  D  H  B  W  V  I  J  B  I  C  T  R
R  A  Q  J  N  E  M  O  B  Z  L  E  C  K
D  I  E  R  E  N  H  P  N  B  O  S  E  R
U  Q  Y  J  B  O  E  H  K  T  Q  C  S  K
P  B  P  J  A  C  H  T  A  R  U  M  N  X
T  L  N  E  O  J  L  L  N  A  V  U  I  T
G  R  X  E  K  S  E  R  O  A  I  N  R  V
U  C  C  Y  M  I  Q  I  U  K  D  H  S  U
```

BOMEN	PLEZIER
HANGMAT	BOS
DIEREN	BRAND
AVONTUUR	INSECT
KOMPAS	MEER
CABINE	MAAN
JACHT	KAART
KANO	BERG
HOED	NATUUR
TOUW	TENT

10 - Arti Visive

```
C  R  E  A  T  I  V  I  T  E  I  T  S  V
O  Q  D  G  S  P  O  U  S  J  W  F  T  E
C  P  Y  N  E  P  O  N  N  A  K  G  E  R
K  L  E  I  I  J  V  T  M  L  B  G  N  N
R  P  M  L  T  U  S  G  L  L  Q  F  C  I
E  O  N  L  R  L  I  D  E  O  D  N  I  S
W  R  O  E  A  T  L  N  Z  H  O  S  L  Z
R  T  X  T  J  I  R  K  E  H  H  D  I  L
E  R  N  S  O  H  O  U  T  S  K  O  O  L
T  E  O  N  W  F  K  E  R  A  M  I  E  K
S  T  F  E  I  T  C  E  P  S  R  E  P  R
E  A  A  M  L  I  F  J  D  N  E  N  E  Q
E  I  W  A  X  I  W  A  L  O  J  Y  Y  L
M  I  Q  S  R  U  W  W  H  I  J  G  Y  E
```

KLEI	FILM
ARTIEST	FOTO
MEESTERWERK	KRIJT
HOUTSKOOL	POTLOOD
EZEL	PEN
WAS	PERSPECTIEF
KERAMIEK	PORTRET
SAMENSTELLING	STENCIL
CREATIVITEIT	VERNIS

11 - Tempo

```
V  I  D  N  A  A  M  T  D  N  I  F  C  J
L  O  T  E  N  S  Z  A  R  K  U  M  U  F
T  T  O  W  C  A  B  A  A  J  A  A  R  O
S  R  B  R  B  E  C  W  E  I  K  M  E  C
M  I  D  D  A  G  N  H  P  W  L  M  D  H
O  E  E  U  W  A  E  N  T  Y  O  K  N  T
K  X  U  R  M  A  R  M  I  N  K  P  E  E
E  D  U  F  O  D  E  I  K  U  H  I  L  N
O  I  R  R  M  N  T  N  T  I  M  G  A  D
T  E  C  R  E  A  S  U  R  W  Y  U  K  C
H  C  U  R  N  V  I  U  M  S  D  J  E  E
T  W  B  Q  T  J  G  T  Y  M  D  G  E  X
J  A  A  R  L  I  J  K  S  V  S  Z  W  E
C  R  L  Q  C  X  X  A  R  E  E  B  P  U
```

JAAR	MIDDAG
JAARLIJKS	MINUUT
KALENDER	MOMENT
DECENNIUM	NACHT
NA	VANDAAG
TOEKOMST	UUR
DAG	KLOK
GISTEREN	VOOR
OCHTEND	EEUW
MAAND	WEEK

12 - Astronomia

```
E Q U I N O X K S O M S O K
C Q T G W I M L T R F K G K
S T R A L I N G E S P Q F B
A P L A N E E T R M U Q C D
S M E T E O O R R K E Q G Q
T O I B D L A T E G K H U H
R O F G R N S E N X Z Z Z S
O N M A A N T L B R A K E T
N O P Y A V E E E N U N Q G
A R Y P J W R S E C E L K W
U T F A D L O C L G O V O W
T S S S T B Ï O D Q Y A E Q
G A Z B W G D O T K V A D L
S A V O N R E P U S M J H L
```

ASTEROÏDE	METEOOR
ASTRONAUT	NEVEL
ASTRONOOM	PLANEET
HEMEL	STRALING
KOSMOS	RAKET
STERRENBEELD	SUPERNOVA
EQUINOX	TELESCOOP
MAAN	AARDE

13 - Circo

```
K O S T U U M L L H S Z T A
J O N G L E U R E E D T S C
M U Z I E K Y M D E M U P R
T P X M R D W A A B U D E O
G O Q V O L O G R A D W C B
E R E G J I T I A L Z Z T A
D K D S A F A E P L H C A A
C X T I C S S Y E O C K C T
T E N T E H S N O N L A U T
Z E A S I R O J N N O A L R
K V F N Z W E U S E W R A U
G L I Z X F Y N W N N T I C
R Z L A A P R L G E L J R K
G O O C H E L A A R R E Y M
```

ACROBAAT   GOOCHELAAR
DIEREN   MUZIEK
KAARTJE   BALLONNEN
SNOEP   PARADE
CLOWN   AAP
KOSTUUM   SPECTACULAIR
OLIFANT   TOESCHOUWER
JONGLEUR   TENT
LEEUW   TIJGER
MAGIE   TRUC

14 - Algebra

```
V V M F N U M M E R V G O F
A C E M A R G A I D A Y L R
R R E R F C X Q I Z L S C A
I M L T G C T M F H S L H C
A A B T N E N O P X E J D T
B T O G I J L S R L B P B I
E R R S K E I S I V I D E
L I P A S A L J J N U L D L
E X Z F O A O I X K G L W U
U J T I L H B T N D I L Z M
F U Z E P Q X K M E X N S R
S N O K O U Y Q E W A H G O
Z Z X O N E I N D I G I K F
A F T R E K K E N C S E R F
```

DIAGRAM	LINEAIR
DIVISIE	MATRIX
VERGELIJKING	NUMMER
EXPONENT	HAAKJE
VALS	PROBLEEM
FACTOR	OPLOSSING
FORMULE	SOM
FRACTIE	AFTREKKEN
GRAFIEK	VARIABELE
ONEINDIG	NUL

15 - Mitologia

```
K R A C H T H R C H C B K G
O C U L T U U R R E D G R E
W V V U Q Q O E E L O I I D
K M E J K U S D A D O S J R
C N T R X M K N T F L F G A
H N F G T H P O I Q H M E G
W E Z E N U A D E P O O R W
L D Z H C S I G A M F N W Z
M E S K I L B G H A S S H A
X H G W R A A K I R Y T Q A
D D A E N G U Z L N E E K N
N O J E N J X U Z N G R D R
I G E D X D H Z C Q G E R V
C P K E I Z E O L A J M N J
```

GEDRAG
WEZEN
CREATIE
OVERTUIGINGEN
CULTUUR
RAMP
GODHEDEN
HELD
KRACHT

BLIKSEM
JALOEZIE
KRIJGER
DOOLHOF
LEGENDE
MAGISCH
MONSTER
DONDER
WRAAK

16 - Piante

```
H  V  L  N  M  E  O  L  B  G  Y  C  G  V
B  A  M  B  O  E  T  H  S  K  E  A  R  E
Y  S  R  G  O  S  T  R  U  I  K  C  O  G
S  I  O  O  B  E  Q  M  N  I  U  T  E  E
J  N  D  A  L  B  M  E  O  L  B  U  I  T
S  S  N  Z  E  F  Z  Y  F  A  O  S  E  A
P  L  A  N  T  K  U  N  D  E  S  S  N  T
G  O  G  Z  R  A  D  B  S  F  E  F  J  I
S  R  M  F  O  Y  G  O  P  M  I  K  N  E
H  F  A  I  W  B  R  O  P  O  M  E  S  T
C  M  Z  S  L  X  G  N  E  S  D  U  A  K
H  A  L  P  Z  K  C  C  W  Y  Z  E  W  Q
G  E  B  L  A  D  E  R  T  E  H  X  E  M
L  H  B  A  S  V  M  J  U  L  G  E  A  M
```

BOOM	MEST
BES	BLOEM
BAMBOE	FLORA
PLANTKUNDE	GEBLADERTE
CACTUS	BOS
STRUIK	TUIN
GROEIEN	MOS
KLIMOP	BLOEMBLAD
GRAS	WORTEL
BOON	VEGETATIE

17 - Spezie

```
V N L L B I T T E R H K N O
X A R T D P U T K K K O O P
G A N O P M O L Q A I R O A
F R O I Y I Z S B N K I T P
G F N F L G C O R E U A M R
C F B M O L K R G E R N U I
V A D O I Z E U I L K D S K
P S L M I O K I X Z U E K A
P E P E R E P O R D M R A E
H A Y D P T G O M R A I A X
W D Y R E P Q K X I E K T B
Z V V A A N I J S A J K T Y
A L E K N E V J G U P N K A
K N O F L O O K G E M B E R
```

KNOFLOOK
BITTER
ANIJS
KANEEL
KARDEMOM
UI
KORIANDER
KOMIJN
KURKUMA
KERRIE

ZOET
VENKEL
DROP
NOOTMUSKAAT
PAPRIKA
PEPER
ZOUT
VANILLE
SAFFRAAN
GEMBER

18 - Numeri

```
K X N N P K M W V E P M K D
D W E B R J F J I V D N U E
V I J F T I E N E T W E E R
J I E T O X D W R N D I T T
S U N X U Y Z E A U R T W I
V E E R T I E N C L I T A E
Z E V E N T I E N I E H A N
C J E Z M U D G H L M C L L
V X Z W E D R E V F W A F J
T W B B E S I N W M U N A D
H I S W A M T L N R D U N L
C I E L M C T I I X K R I S
A S Z N E I T N E G E N W Q
T W I N T I G V Q N B N J Y
```

VIJF

DECIMAAL

NEGENTIEN

ZEVENTIEN

ACHTTIEN

TIEN

TWAALF

TWEE

NEGEN

ACHT

VEERTIEN

VIER

VIJFTIEN

ZESTIEN

ZES

ZEVEN

DRIE

DERTIEN

TWINTIG

NUL

19 - Cioccolato

```
H E E R L I J K P D O A L F
C M K S M A A M O R A N Z A
A H C S I T O X E E C T T V
L S C Z A L B M D T A I O O
O S M N P D P X E T C O O R
R U Q A N A N H R I R X N I
I I D T A S B I H B R I S E
E K B P W K G E P E A D O T
Ë E G E C M L E M A R A K I
N R L C J G W W K G I N O B
S N O E P I G J S Q N T K T
W M I R I N G R E D I Ë N T
T A R T I S A N A A L U F T
Z O E T I E T I L A W K Y G
```

BITTER
ANTIOXIDANT
PINDA'S
AROMA
ARTISANAAL
CACAO
CALORIEËN
SNOEP
KARAMEL
HEERLIJK

ZOET
EXOTISCH
SMAAK
INGREDIËNT
KOKOSNOOT
POEDER
FAVORIET
KWALITEIT
RECEPT
SUIKER

20 - Guida

```
G  A  O  W  P  E  B  M  T  E  V  L  O  M
L  E  N  N  U  T  R  O  K  D  E  I  D  O
V  I  V  W  E  G  A  T  M  I  R  C  U  T
E  T  P  A  X  Y  N  O  I  T  V  E  C  O
I  I  D  D  A  V  D  R  D  Z  O  N  V  R
L  L  I  S  F  R  S  E  K  A  E  T  K  F
I  O  E  S  J  B  T  G  N  A  R  I  G  I
G  P  H  F  H  F  O  N  G  O  A  E  B  E
H  Q  L  X  G  Q  F  A  K  A  B  R  L  T
E  R  E  M  M  E  N  G  J  H  S  S  T  S
I  T  N  N  R  D  P  T  T  X  A  U  T  O
D  F  S  I  K  U  L  E  G  N  O  B  Y  V
G  A  R  A  G  E  L  O  K  E  B  O  U  C
Y  R  E  E  K  R  E  V  S  Z  F  I  E  O
```

AUTO	MOTOR
BUS	VOETGANGER
BRANDSTOF	GEVAAR
REMMEN	POLITIE
GARAGE	VEILIGHEID
GAS	WEG
ONGELUK	VERKEER
LICENTIE	VERVOER
KAART	TUNNEL
MOTORFIETS	SNELHEID

21 - I Media

```
I  D  A  P  R  G  N  I  N  E  M  X  P  C
N  I  D  U  Q  X  H  E  N  I  L  N  O  O
D  G  V  B  W  Q  E  S  T  B  W  G  L  M
I  I  E  L  A  A  K  O  L  W  Z  N  Z  M
V  T  R  I  S  Q  K  N  M  S  E  I  M  U
I  A  T  E  Y  M  N  V  X  S  I  R  C  N
D  A  E  K  X  Q  E  M  L  Y  T  E  K  I
U  L  N  B  F  O  T  O  S  R  I  I  I  C
E  O  T  L  B  A  N  N  Y  S  D  C  Z  A
E  V  I  V  M  W  A  P  N  A  E  N  P  T
L  H  E  D  S  K  R  S  C  A  A  A  J  I
Q  X  S  O  A  C  K  K  K  J  Z  N  V  E
D  S  J  I  W  R  E  D  N  O  W  I  Y  D
K  F  E  I  T  E  N  A  N  A  B  F  U  I
```

COMMUNICATIE
DIGITAAL
EDITIE
ONDERWIJS
FEITEN
FINANCIERING
FOTO'S
KRANTEN

INDIVIDUEEL
LOKAAL
ONLINE
MENING
ADVERTENTIES
PUBLIEK
RADIO
NETWERK

22 - Forza e Gravità

```
N G N N G P D O H F F U Q E
A A S N N H Z T C A P M I J
D R U K I D D U S A B A G C
E R C N G T G N I V J I R W
M A G N E T I S M E S O P G
M Q T A W M F R A G R P L E
A E P A E P M J N P T D A W
F G C B B C Y O Y R I K N I
S A J H Q M E X D P J T E C
T O V N A F M N M N D P T H
A W U V M N K Y T V E V E T
N F T D H E I U R R Y G N N
D O O X R M I C M W U O I A
S N E L H E I D A I E M E E
```

AS
WRIJVING
CENTRUM
DYNAMISCH
AFSTAND
IMPACT
MAGNETISME
MECHANICA

BEWEGING
BAAN
GEWICHT
PLANETEN
DRUK
EIGENDOMMEN
TIJD
SNELHEID

23 - Caffè

```
M U Q L B G J Z H M J W H D
B U M O F T Q W W G Y F B R
A N E L A M V A N L J S S A
O L L O S I A R R E K E B N
O D K K N W R T O E B R R K
R Z A R L A I S O M T E E O
S T A O V T Ë O M G V T K L
P P M I M E T I C B F L I J
R R S H K R E X K H J I U B
O I A F E Y I L I V T F S P
N J R D R E T S O O R E G X
G S O B U M N K G T A G N I
R R M E U C C A F E Ï N E D
L Y A B Z V L O E I S T O F
```

ZUUR	MELK
WATER	VLOEISTOF
BITTER	MALEN
AROMA	OCHTEND
GEROOSTERD	ZWART
DRANK	OORSPRONG
CAFEÏNE	PRIJS
ROOM	BEKER
FILTER	VARIËTEIT
SMAAK	SUIKER

24 - Uccelli

```
F  T  D  W  S  R  U  V  A  R  P  H  S  T
Y  N  R  T  B  B  V  B  S  K  I  O  T  S
G  W  N  U  B  H  R  B  F  A  Y  O  R  Z
S  G  D  I  E  R  J  V  X  K  R  I  U  G
W  X  N  A  K  E  O  T  R  E  S  E  I  F
K  U  E  A  H  G  Z  W  A  A  N  V  S  L
O  T  E  G  F  I  U  D  A  M  A  A  V  A
E  S  C  E  C  E  V  K  L  F  A  A  O  M
K  R  V  P  M  R  X  G  E  M  K  R  G  I
O  B  S  A  Z  H  K  Q  D  A  I  M  E  N
E  Z  D  P  D  A  S  I  A  F  L  L  L  G
K  S  N  A  G  V  A  D  P  P  E  Y  S  O
G  U  N  U  E  I  Y  L  I  X  P  M  N  L
W  M  T  W  H  K  P  I  N  G  U  Ï  N  R
```

REIGER	PAPEGAAI
EEND	MUS
ADELAAR	PAUW
OOIEVAAR	PELIKAAN
ZWAAN	DUIF
KOEKOEK	PINGUÏN
HAVIK	KIP
FLAMINGO	STRUISVOGEL
MEEUW	TOEKAN
GANS	EI

25 - Giorni e Mesi

```
V R I J D A G Z Q K K R F O
F E B R U A R I L U J G E K
Z O N D A G A D R E T A Z T
K A L E N D E R C L Y D M O
M T T Y M G X P O W H S A B
T V K B Q Z J E R Z S N A E
K U T L N F L U D G B E N R
D E C E M B E R N J W O D A
J H E P P N U A A I P W A P
Z A U W J A N U A R I Q G R
M M A X U R E B M E V O N I
J J A R D I N S D A G J R L
S E P T E M B E R X A U W R
A U G U S T U S G A H D B Q
```

AUGUSTUS   MAANDAG
JAAR   DINSDAG
APRIL   WOENSDAG
KALENDER   MAAND
DECEMBER   NOVEMBER
ZONDAG   OKTOBER
FEBRUARI   ZATERDAG
JANUARI   SEPTEMBER
JUNI   WEEK
JULI   VRIJDAG

26 - Casa

```
T U R V S G N S Z M E H D P
U T T J I P A T G O C E E D
I T M X U V P R W H L K U M
N E K U E K L E A W M D R K
A D N D I S I O D G M Y E H
A A X O P P P M E I E V U R
R K D U L I D P M R J A D U
K A B C A E G X I R S N Z U
J H L H F G L A M P Z M Q M
N I U E O E C H A A R D V E
T T E J N L V W A A J E I Z
A N U W D E X D R E N Y P E
T T D F D M N K A M E R D B
B I B L I O T H E E K T V G
```

ZOLDER	MUUR
BIBLIOTHEEK	VLOER
KAMER	DEUR
HAARD	HEK
KEUKEN	KRAAN
DOUCHE	BEZEM
RAAM	PLAFOND
GARAGE	SPIEGEL
TUIN	TAPIJT
LAMP	DAK

27 - Ristorante #1

```
I  E  C  M  D  I  V  K  E  U  K  E  N  F
N  E  T  U  P  U  D  L  P  H  Y  F  D  D
G  L  N  E  U  K  D  R  E  I  S  S  A  K
R  X  Q  E  N  A  X  E  J  E  S  U  S  R
E  V  B  P  E  L  B  S  T  I  S  A  E  I
D  O  D  D  M  L  N  E  E  F  D  S  R  I
I  E  R  D  H  E  U  R  O  F  P  F  V  A
Ë  D  D  O  O  R  B  V  T  O  E  S  E  Y
N  S  P  N  O  G  M  E  Z  K  B  Z  E  F
T  E  U  I  O  I  O  R  B  O  R  D  R  C
E  L  T  S  T  E  P  I  K  M  E  S  S  K
N  G  H  W  R  T  Z  N  G  Q  J  T  T  O
S  E  R  V  E  T  I  G  R  U  I  A  E  M
I  O  X  U  X  J  L  G  C  V  O  I  R  B
```

ALLERGIE	INGREDIËNTEN
KOFFIE	ETEN
SERVEERSTER	MENU
VLEES	BROOD
KASSIER	BORD
VOEDSEL	PITTIG
KOM	KIP
MES	RESERVERING
KEUKEN	SAUS
TOETJE	SERVET

28 - Fantascienza

```
U R R R Y N V F B R K U P T
T D L E R E W U R F K X L L
O S E A C K S T O B O R A F
P I K L N E I U E D G F N T
I W A I V O L R X Y I A E E
E P R S Z B L I P S D N E C
M O O T A A U S L T L T T H
E O Z I X L S T O O E A F N
E C E S I P I I S P E S G O
R S N C W A E S I I B T Y L
T O P H N G C C E E K I K O
X I B R A N D H O Y N S D G
E B E L M O I R A N E C S I
M Y S T E R I E U S D H O E
```

ATOOM	BOEKEN
BIOSCOOP	MYSTERIEUS
DYSTOPIE	WERELD
EXPLOSIE	ORAKEL
EXTREEM	PLANEET
FANTASTISCH	REALISTISCH
BRAND	ROBOTS
FUTURISTISCH	SCENARIO
ILLUSIE	TECHNOLOGIE
DENKBEELDIG	UTOPIE

29 - Città

```
D G A L E R I J T I L M E Y
L E T O H B L O E M I S T V
C O K N A B E A C M Y B R I
J I R E K K A B W N C U U M
S T A D I O N K K L E M R F
P W M G B N A P O T H E E K
K E E H T O I L B I B S R T
M U S E U M Z L O O H C S H
H F Y V G I L E K N I W N E
S V S U P E R M A R K T V A
B O E K H A N D E L O E I T
U N I V E R S I T E I T T E
B I O S C O O P X R H F N R
L U C H T H A V E N Z N A G
```

LUCHTHAVEN
BANK
BIBLIOTHEEK
BIOSCOOP
KLINIEK
APOTHEEK
BLOEMIST
GALERIJ
HOTEL
BOEKHANDEL

MARKT
MUSEUM
WINKEL
BAKKERIJ
SCHOOL
STADION
SUPERMARKT
THEATER
UNIVERSITEIT

30 - Fattoria #1

```
B  C  C  H  W  J  H  N  V  P  R  A  Q  B
J  I  Y  X  R  D  O  F  L  A  K  I  P  V
L  N  J  S  H  S  O  H  C  O  R  X  L  Z
E  A  G  E  J  K  I  G  J  N  X  K  C  C
Z  X  N  Z  A  D  E  N  M  C  M  E  E  Q
E  J  I  D  N  O  H  Z  W  G  A  H  O  N
D  W  N  C  B  P  A  A  R  D  U  U  K  J
Z  A  O  Q  G  O  R  S  A  J  J  V  D  T
S  T  H  K  A  T  U  W  N  L  R  R  Q  Z
P  E  V  E  L  D  G  W  Y  P  K  I  H  W
L  R  M  T  X  T  F  D  T  G  H  J  U  F
M  E  S  T  J  S  H  A  I  E  H  S  Y  J
Y  K  I  R  X  L  S  V  R  I  I  T  Y  D
K  U  D  D  E  U  I  L  X  T  U  U  Z  C
```

WATER	KAT
LANDBOUW	KUDDE
BIJ	VARKEN
EZEL	HONING
VELD	KOE
HOND	KIP
GEIT	HEK
PAARD	RIJST
MEST	ZADEN
HOOI	KALF

31 - Psicologia

```
T  I  E  T  I  L  A  E  R  W  X  Z  E  V
P  H  I  N  V  L  O  E  D  M  I  L  I  K
E  R  E  O  N  D  E  R  B  E  W  U  S  T
G  J  I  R  Z  P  V  S  S  E  B  L  S  Y
O  R  T  N  A  U  R  N  N  L  J  T  K  L
N  X  I  P  S  P  W  Ë  K  B  Y  E  L  E
W  J  N  P  B  R  I  E  M  O  T  I  E  S
I  E  G  E  I  T  P  E  C  R  E  P  O  G
A  U  O  N  S  P  G  D  B  P  T  E  V  E
P  G  C  N  E  G  N  I  R  A  V  R  E  D
I  D  K  L  I  N  I  S  C  H  E  R  G  R
B  E  W  U  S  T  E  L  O  O  S  D  I  A
G  E  D  A  C  H  T  E  N  Z  J  S  C  G
R  A  F  S  P  R  A  A  K  D  F  N  H  M
```

AFSPRAAK	JEUGD
KLINISCH	INVLOED
COGNITIE	GEDACHTEN
GEDRAG	PERCEPTIE
EGO	PROBLEEM
EMOTIES	REALITEIT
ERVARINGEN	GEVOEL
IDEEËN	ONDERBEWUST
BEWUSTELOOS	THERAPIE

32 - Paesaggi

```
M G T F W I R N G P Z S S M
E Z E E A R D N E O T T C O
E Z A W T E E C G Y R R H E
R L Q B E S V I J O G A I R
O K P B R I H E V Q R N E A
C H N N V E C G M I F D R S
E O E K A G R E B S R R E E
A C A U L H G L P W E D I V
A R A S V G R E B S J I L P
N G G D E E L X D G S E A J
X X R P D B L G R O T L N L
W O E S T I J N O H E L D P
E I L A N D T I T G L A E I
V U L K A A N M C Q G V Y G
```

WATERVAL	ZEE
HEUVEL	BERG
WOESTIJN	OASE
RIVIER	OCEAAN
GEISER	MOERAS
GLETSJER	SCHIEREILAND
GROT	STRAND
IJSBERG	TOENDRA
EILAND	VALLEI
MEER	VULKAAN

33 - Energia

```
B  R  X  L  C  D  I  E  S  E  L  H  F  W
E  O  M  G  E  V  I  N  G  N  E  E  E  A
N  P  Z  H  L  D  U  I  M  I  N  R  B  T
Z  E  L  E  K  T  R  O  N  B  U  N  V  E
I  H  X  K  S  A  G  E  W  R  C  I  B  R
N  W  Z  R  O  T  O  M  I  U  L  E  R  S
E  M  F  R  K  O  O  S  N  T  E  U  A  T
W  A  R  M  T  E  L  O  D  Q  A  W  N  O
C  N  Z  N  A  M  L  S  M  T  I  B  D  F
E  N  T  R  O  P  I  E  T  R  R  A  S  H
I  N  D  U  S  T  R  I  E  O  R  A  T  G
V  U  W  C  G  U  O  E  A  I  F  R  O  B
N  C  D  C  O  U  I  F  V  W  J  Q  F  F
X  J  Y  A  E  L  E  K  T  R  I  S  C  H
```

OMGEVING	FOTON
ACCU	WATERSTOF
BENZINE	INDUSTRIE
WARMTE	MOTOR
KOOLSTOF	NUCLEAIR
BRANDSTOF	HERNIEUWBAAR
DIESEL	TURBINE
ELEKTRISCH	STOOM
ELEKTRON	WIND
ENTROPIE	

34 - Ristorante #2

```
H V G T Z S Q E V D V D Z L
E I N U P U T H Z A O Z I C
E S Z O U T E O Z Q O I T R
R E N I D G V J E R R E B O
L D R A N K I J S L G Y E L
I G G O L T Y I G P E O S X
J C P V V E T N E O R G Z K
K A M N E J I R E C E P S W
E K A V P F V D A H C N U L
U E I W Z R F O S R H U H U
E C W I F U E X R E T A W X
L E P E L I Q H K K S J X K
I P N G P T E I E R E N W Z
I S Z D Y S A L A D E E T G
```

WATER	SALADE
VOORGERECHT	SOEP
DRANK	VIS
OBER	LUNCH
DINER	ZOUT
LEPEL	STOEL
HEERLIJK	SPECERIJEN
VORK	CAKE
FRUIT	EIEREN
IJS	GROENTE

35 - Moda

```
F  O  T  S  O  H  T  F  V  M  Y  R  Y  P
K  R  E  W  R  U  U  D  R  O  B  U  N  A
B  I  K  F  M  O  D  E  R  N  E  U  D  T
L  G  H  K  U  J  U  L  X  F  K  T  W  R
E  I  Q  J  P  C  I  H  J  G  Y  X  T  O
L  N  K  B  E  S  C  H  E  I  D  E  N  O
E  E  D  N  E  R  T  E  D  D  T  T  A  N
G  E  U  K  O  P  M  R  U  U  D  S  K  K
A  L  V  B  W  P  K  A  R  O  L  Z  C  L
N  W  I  N  K  E  L  C  U  V  U  W  G  E
T  M  W  E  R  Z  E  P  F  N  R  X  Z  D
W  X  D  N  E  G  N  I  T  E  M  F  A  I
P  R  A  K  T  I  S  C  H  E  C  P  D  N
C  O  M  F  O  R  T  A  B  E  L  M  M  G
```

KLEDING	KANT
WINKEL	PRAKTISCH
DUUR	KNOP
COMFORTABEL	BORDUURWERK
ELEGANT	EENVOUDIG
AFMETINGEN	STIJL
PATROON	TREND
MODERN	STOF
BESCHEIDEN	TEXTUUR
ORIGINEEL	

36 - Giardino

```
B K N G W V Q T S E P Z K W
J O Q Z F X E U I A P W C B
E T O E S S B C A P F W H N
D S P M E G T O S C R Q C E
P N S E G U A K O G A Z O N
K J L D A A F I D M N S Z I
J I A O R T A U S C H O P L
O W N B A Z U R U J Y Q L O
K N G Z G X X T D G A M D P
B I K R A H P S A R R E T M
L U N R T A M G N A H O L A
L T A G U X X J Q S E L I R
H E B M U I S G W X K B X T
R S J L J E D V I J V E R S
```

BOOM
HANGMAT
STRUIK
GRAS
ONKRUID
BLOEM
BOOMGAARD
GARAGE
TUIN
SCHOP

BANK
GAZON
HARK
HEK
VIJVER
BODEM
TERRAS
TRAMPOLINE
SLANG
WIJNSTOK

37 - Frutta

```
X  U  T  J  P  T  U  Y  Y  F  I  U  R  D
K  I  Z  R  E  P  L  R  S  R  T  I  P  Z
N  E  O  L  E  M  A  O  D  A  C  O  V  A
K  N  R  C  R  A  J  F  N  M  A  A  R  B
Y  I  M  S  A  N  A  N  A  B  P  W  A  F
Z  R  R  D  A  P  P  E  L  O  R  B  B  A
M  A  N  G  O  X  A  J  H  O  U  V  R  P
M  T  X  A  L  F  P  Y  B  S  I  W  I  K
V  C  L  B  A  L  W  S  Q  Y  M  Z  K  Q
H  E  B  N  F  N  E  O  R  T  I  C  O  B
D  N  O  E  J  N  A  R  O  Q  K  X  O  W
V  H  Y  O  S  S  C  B  Y  J  C  X  S  L
K  I  R  K  K  F  T  T  P  R  G  G  A  H
N  O  U  F  G  X  R  Z  V  M  U  U  J  C
```

ABRIKOOS	MANGO
ANANAS	APPEL
ORANJE	MELOEN
AVOCADO	BRAAM
BES	NECTARINE
BANAAN	PAPAJA
KERS	PEER
KIWI	PERZIK
FRAMBOOS	PRUIM
CITROEN	DRUIF

38 - Fattoria #2

```
V P F L J Q O Y K L K S Y O
O N J K G M K F S S A C A H
E M Y N B U G D W D S H L R
D J K R N E G P F T I U R F
S M J Y T B W E J S Y U Z I
E B I J E N K O R F P R J R
L V D T D R A A G M O O B R
K H S A I N T A R W E U V I
V T S R E G E D I E W Z I G
Y R E D R E H E S F O C Z A
B A P X E O E V Ï H Q B P T
L A M A N E Z N A G X N U I
S C H A A P E G M O P S L E
W M I K L E M T R A C T O R
```

LAM	IRRIGATIE
BOER	LAMA
BIJENKORF	MELK
EEND	MAÏS
DIEREN	GANZEN
VOEDSEL	GERST
SCHUUR	HERDER
FRUIT	SCHAAP
BOOMGAARD	WEIDE
TARWE	TRACTOR

39 - Verdure

```
M G K O J S I T R A D Y H Q
A N M L I P E H I V S O O B
P E T E R S E L I E R H D G
T I O T E I A E K G A A L E
O Z L R D V A O O E U U A C
M A A O L Q R T M M B Q K P
A N J W E C D S K B E N N P
A I S K S T A E O E R D O O
T P D U D W P D M R G Y F M
E S P L H R P D M A I N L P
S A L A D E E A E M N U O O
R A D I J S L P R B E O O E
P F H U B R O C C O L I K N
Q C V H N I X P U W X A B K
```

KNOFLOOK
BROCCOLI
ARTISJOK
WORTEL
KOMKOMMER
UI
PADDESTOEL
SALADE
AUBERGINE
AARDAPPEL

ERWT
TOMAAT
PETERSELIE
RAAP
RADIJS
SJALOT
SELDERIJ
SPINAZIE
GEMBER
POMPOEN

40 - Musica

```
H C S I N O M R A H V N O L
C A L S K C S U W A H X P Y
S I R E G N A Z Z O Z T E R
I N O M R U O G G I G B R I
T S O M O A F Y O C K R A S
Ë T K E R N E G N I Z A Q C
O R V L I B I H A M M W A H
P U O O T A H E G L I R M L
S M C D M L Q W Y J B Y V F
N E A I I L N D J U W U B N
T N A E S A Q R I T M E M I
G T L U C D K L A S S I E K
Y V O S H E M A N P O K W V
M I C R O F O O N V V K Q Q
```

ALBUM
HARMONIE
HARMONISCH
BALLADE
ZANGER
ZINGEN
KLASSIEK
KOOR
LYRISCH
MELODIE

MICROFOON
MUZIKAAL
OPERA
POËTISCH
OPNAME
RITMISCH
RITME
INSTRUMENT
VOCAAL

41 - Barbecue

```
I  L  P  S  M  U  Z  I  E  K  S  R  F  U
Q  U  G  A  S  T  P  F  S  B  L  K  V  I
C  N  Y  L  Q  S  P  N  X  A  I  B  J  T
H  C  N  A  E  Y  A  M  C  P  L  T  Z  N
O  H  E  D  B  W  N  X  Z  P  C  F  U  O
U  X  S  E  Z  X  R  N  T  G  L  K  I  D
G  I  S  S  O  W  R  E  S  R  K  I  P  I
K  A  E  R  U  V  I  R  I  I  V  P  S  G
H  I  M  N  T  A  V  P  N  L  B  E  V  I
N  D  N  E  T  A  M  O  T  L  I  G  Q  N
M  W  L  E  S  D  E  O  V  Z  D  M  F  G
D  D  I  N  E  R  E  P  E  P  Y  O  A  F
H  E  E  T  F  R  U  I  T  S  A  U  S  F
H  O  N  G  E  R  E  M  O  Z  V  Y  U  M
```

HEET	GRILL
DINER	SALADES
VOEDSEL	UITNODIGING
UIEN	MUZIEK
MESSEN	PEPER
ZOMER	KIP
HONGER	TOMATEN
FAMILIE	LUNCH
FRUIT	ZOUT
GAMES	SAUS

42 - Fisica

```
D R U S M A D F D X E E J M
E E C S I O W U W F E L F F
E L D I E H T H C I D E Y E
L A F G L N P O G A S K D T
T T R N U F H K R K X T A U
J I E I U H I I U P Z R U X
E V Q L C W V G L M O O T A
O I U L E E S R E V I N U I
C T E E L U M R O F J K L A
H E N N O C H E M I S C H S
A I T S M M E C H A N I C A
O T I R I A E L C U N Z U O
S D E E M S I T E N G A M I
U A U V U H S N E L H E I D
```

VERSNELLING
ATOOM
CHAOS
CHEMISCH
DICHTHEID
ELEKTRON
FORMULE
FREQUENTIE
GAS

MAGNETISME
MECHANICA
MOLECUUL
MOTOR
NUCLEAIR
DEELTJE
RELATIVITEIT
UNIVERSEEL
SNELHEID

43 - Erboristeria

```
B A S I L I C U M A O D R A
S M H K V E N K E L W R Y R
D J H P O N A G E R O A R O
P I J G U O Y J T W D G O M
E T L Q C A L E I S A O Z A
T G M L I E A F A Q I N E T
E X P W E F V N O Z M B M I
R T N Ë I D E R G N I L A S
S G R O E N N F B M K O R C
E E I E Q I D Y X W Q J I H
L N T Z I P E M E O L B J X
I R I A N I L U C V L O N B
E P O U L N V N Q O Y E D B
E W F Z T I E T I L A W K F
```

KNOFLOOK
DILLE
AROMATISCH
BASILICUM
CULINAIR
DRAGON
VENKEL
BLOEM
TUIN

INGREDIËNT
LAVENDEL
MUNT
OREGANO
PETERSELIE
KWALITEIT
ROZEMARIJN
TIJM
GROEN

44 - Danza

```
C U L T U R E E L T W S E P
B E W E G I N G Z U D O X A
L I C H A A M K A H K C P R
O L E A E I T I T E P E R T
C H O R E O G R A F I E E N
S E M Q R O K J O K E M S E
H P A C A D E M I E M T S R
O G R J T O I S N I O I I O
U E A I S F Z J S S T R E B
D N R L N C U Z T S I U F N
I A Q B U G M S W A E P G K
N D P T K W E C U L T U U R
G E E Z M S Z N S K T F P T
T R A D I T I O N E E L Z P
```

ACADEMIE
KUNST
KLASSIEK
PARTNER
CHOREOGRAFIE
LICHAAM
CULTUUR
CULTUREEL
EMOTIE
EXPRESSIEF

BLIJ
GENADE
BEWEGING
MUZIEK
HOUDING
REPETITIE
RITME
SPRINGEN
TRADITIONEEL

45 - Attività Commerciale

```
B B R A A W S L E D N A H I
L W E Q B L E K N I W T W N
K E U G W A D R U D B U B K
E R È I R R A C K N D L G O
A K B T F O G B P G L A N M
K N E R I O T Z I Z E V I E
O E D A N T B I C E G V R N
R M R N A N S X N E X I E M
T E I S N A D Z W G C O T R
I R J A C K O S T E N E S W
N C F C I E C O N O M I E I
G O Y T Ë Y P O O K R E V N
G F O I N I A Y T P C O N S
Z A K E I R B A F Z L S I T
```

BEGROTING
CARRIÈRE
KOSTEN
WERKGEVER
WERKNEMER
ECONOMIE
FABRIEK
FINANCIËN
INVESTERING
HANDELSWAAR

WINKEL
WINST
INKOMEN
KORTING
BEDRIJF
GELD
TRANSACTIE
KANTOOR
VALUTA
VERKOOP

46 - Fiori

```
G  J  S  I  C  R  A  N  G  E  B  M  L  T
M  A  J  G  N  O  E  P  M  T  L  O  E  U
E  U  R  F  U  O  M  N  K  M  O  H  L  L
O  G  G  D  S  S  Z  Z  A  D  E  J  I  P
L  E  J  F  E  I  L  E  D  A  M  A  E  Z
B  J  X  H  Y  N  G  J  V  A  B  S  P  P
E  O  S  U  C  S  I  B  I  H  L  M  U  I
I  L  E  D  N  E  V  A  L  O  A  I  I  O
S  M  K  K  L  A  V  E  R  D  J  L  E
S  T  A  H  E  D  A  T  T  Z  I  N  P  N
A  G  H  K  B  T  P  A  P  A  V  E  R  R
P  P  L  U  M  E  R  I  A  V  A  R  N  O
M  A  G  N  O  L  I  A  J  C  D  B  R  O
J  O  R  C  H  I  D  E  E  V  C  X  O  S
```

GARDENIA	ORCHIDEE
JASMIJN	PAPAVER
LELIE	PASSIEBLOEM
HIBISCUS	PIOENROOS
LAVENDEL	BLOEMBLAD
LILA	PLUMERIA
MAGNOLIA	ROOS
MADELIEFJE	KLAVER
BOEKET	TULP
NARCIS	

47 - Ecologia

```
O W V B F J D H A B I T A T
V U A E L O I E Q C F R E K
E W R R O N V S Z C X E I L
R T I G R A E V Q E W I T I
L M Ë E A T R P F A U N A M
E O T N A U S L O S P I T A
V E E E E U I A D O L R E A
I R I A T R T N U O B A G T
N A T G G Z E T U R F M E U
G S J I O F I E R T Q B V Z
B G P Z O N T N Z M X V T V
K J I L R U U T A N W U I A
D H U V D T L S A I O E G I
G L O B A A L K M T Q B A C
```

KLIMAAT
DIVERSITEIT
FAUNA
FLORA
GLOBAAL
HABITAT
MARINIER
BERGEN
NATUUR

NATUURLIJK
MOERAS
PLANTEN
DROOGTE
OVERLEVING
DUURZAAM
SOORT
VARIËTEIT
VEGETATIE

48 - Discipline Scientifiche

```
C C P U I U S G A I N A M W
E J H M T X P E R M E S I Q
V C N E N Y I O C M U T N U
V B O H M F R L H U R R E M
T O K L O I H O E N O O R E
A A E U O Q E G O O L N A C
A N I D E G H I L L O O L H
L A G A I B I E O O G M O A
K T O Q N N V E G G I I G N
U O L Z F Z G M I I E E I I
N M O R B P C O E E V U E C
D I I F Y S I O L O G I E A
E E B S O C I O L O G I E O
B I O C H E M I E V P T Q Z
```

ANATOMIE	GEOLOGIE
ARCHEOLOGIE	IMMUNOLOGIE
ASTRONOMIE	TAALKUNDE
BIOCHEMIE	MECHANICA
BIOLOGIE	MINERALOGIE
CHEMIE	NEUROLOGIE
ECOLOGIE	VOEDING
FYSIOLOGIE	SOCIOLOGIE

49 - Scienza

```
G N N D G N G Q G B W M E E
E U A K E V V E X L K I V M
G M T L M E V X L M Z N O O
E E U I S C L X J D H E L L
V T U M I H E T I E F R U E
E H R A N E I N J S I A T C
N O K A A M S E T E O L I U
S D U T G I S M A H S E E L
Q E N U R S O I M T D N N E
N V D R O C F R O O O J A N
T U E H S H A E L P E O E K
N A T U U R Q P L Y S E M Y
R J H F Y I F X D H W W H N
L T H C A R K E T R A A W Z
```

ATOOM
CHEMISCH
KLIMAAT
GEGEVENS
EXPERIMENT
EVOLUTIE
FEIT
NATUURKUNDE
FOSSIEL

ZWAARTEKRACHT
HYPOTHESE
METHODE
MINERALEN
MOLECULEN
NATUUR
ORGANISME
DEELTJES

50 - Acqua

```
V E R D A M P I N G X E W B
G E F Y N L L V O R S T C C
A F P M J Q R D G P N K Y L
D R I N K B A A R E E F O L
N E G E R E I T A G I R R I
V O C H T I G H E I D S N M
D M S K A N A A L T X Z E N
R O W S G F Z W I H G G V R
I O U L E M E E R C P U L V
V T E C U O I N T O W R O I
I S E V H L M S G V J H G S
E I N Q A E O C E A A N A E
R J S W P U E O R K A A N O
B S O V E R S T R O M I N G
```

OVERSTROMING	MOESSON
KANAAL	SNEEUW
DOUCHE	OCEAAN
VERDAMPING	GOLVEN
RIVIER	REGEN
VORST	DRINKBAAR
GEISER	VOCHTIGHEID
IJS	VOCHTIG
IRRIGATIE	ORKAAN
MEER	STOOM

51 - Imbarcazioni

```
N  A  H  H  C  I  I  Q  R  N  O  I  S  O
M  P  E  E  I  K  Y  L  I  A  L  C  M  S
T  X  Y  I  E  P  P  F  B  U  V  B  L  Y
W  A  L  R  O  T  O  M  U  T  T  M  Z  T
E  I  R  B  B  S  P  W  G  I  O  M  D  O
O  G  T  H  C  A  J  E  M  S  O  J  K  U
R  N  O  I  X  M  V  N  X  C  B  Q  A  W
E  I  L  E  J  E  F  C  A  H  L  R  J  M
E  N  V  T  H  Z  O  P  H  A  I  E  A  K
M  N  Y  I  F  W  G  O  L  V  E  N  K  Z
V  A  E  R  E  K  N  A  K  L  Z  C  L  V
S  M  Z  E  E  R  A  J  A  V  K  Y  O  L
V  E  E  R  B  O  O  T  N  U  U  F  C  B
D  B  H  F  Z  F  K  S  O  O  R  T  A  M
```

MAST	ZEE
ANKER	TIJ
ZEILBOOT	MATROOS
BOEI	MOTOR
KANO	NAUTISCH
TOUW	OCEAAN
BEMANNING	GOLVEN
RIVIER	VEERBOOT
KAJAK	JACHT
MEER	VLOT

52 - Chimica

```
Y  J  A  D  M  Y  Z  N  E  U  H  O  E  V
B  D  B  W  F  L  U  U  C  E  L  O  M  L
W  B  J  K  Q  K  U  Y  W  J  W  Z  R  O
W  R  U  U  T  A  R  E  P  M  E  T  R  E
Z  A  R  O  T  A  S  Y  L  A  T  A  K  I
C  U  R  Y  F  O  T  S  R  E  T  A  W  S
H  K  U  M  J  N  O  R  T  K  E  L  E  T
L  O  C  R  T  Z  F  I  O  N  P  L  A  O
O  O  Y  G  F  E  B  E  G  L  S  Z  T  F
O  L  T  R  A  O  R  G  A  N  I  S  C  H
R  S  A  H  C  S  I  L  A  K  L  A  W  O
W  T  G  E  W  I  C  H  T  U  O  Z  G  Y
J  O  G  N  U  C  L  E  A  I  R  K  V  U
T  F  A  T  O  O  M  C  V  I  R  S  Z  V
```

ZUUR	WATERSTOF
ALKALISCH	ION
ATOOM	VLOEISTOF
WARMTE	MOLECUUL
KOOLSTOF	NUCLEAIR
KATALYSATOR	ORGANISCH
CHLOOR	ZUURSTOF
ELEKTRON	GEWICHT
ENZYM	ZOUT
GAS	TEMPERATUUR

53 - Api

```
P L A N T E N T B F S T H A
Z U F I O C K Z J R P U A H
E L E L K Z M N E U E I B N
S T U I F M E E L I C N I B
K L W A S W S M E T O D T I
P O E G M K E E S Q S G A J
D W N G T A O O D I Y Q T E
V N N I U I L L E N S K C N
U O Y D N E B B O O T B E K
A E N Z Q G L H V U E Z S O
N P Y K E N I V G H E W N R
F D D O H W W N E H M E I F
C K F O H O N I N G D R Z Q
V O O R D E L I G U T M L F
```

VLEUGELS
BIJENKORF
VOORDELIG
WAS
VOEDSEL
ECOSYSTEEM
BLOEMEN
BLOESEM
FRUIT
ROOK

TUIN
HABITAT
INSECT
HONING
PLANTEN
STUIFMEEL
KONINGIN
ZWERM
ZON

54 - Strumenti Musicali

```
J  K  J  X  T  E  P  M  O  R  T  B  E  T
F  X  H  L  I  R  K  P  T  V  O  A  I  R
I  Z  K  U  U  R  O  L  R  H  G  N  S  O
I  F  I  N  L  Y  B  M  A  B  A  J  S  M
A  P  N  S  F  L  O  H  M  R  F  O  U  B
Q  R  Q  L  T  G  H  M  K  E  I  M  C  O
T  A  M  B  O  E  R  I  J  N  L  N  R  N
G  H  G  I  T  A  A  R  L  O  O  P  E  E
G  O  C  E  L  L  O  H  X  O  O  I  P  T
J  K  N  E  D  A  K  K  A  F  I  A  W  V
C  P  R  G  H  R  R  P  Y  O  V  N  B  R
M  A  R  I  M  B  A  F  V  X  R  O  T  S
C  M  E  N  I  L  O  D  N  A  M  Q  H  T
U  Y  L  Y  P  V  O  Y  Q  S  I  P  L  U
```

HARP	PERCUSSIE
BANJO	PIANO
GITAAR	SAXOFOON
KLARINET	TAMBOERIJN
FAGOT	TROMMEL
FLUIT	TROMPET
GONG	TROMBONE
MANDOLINE	VIOOL
MARIMBA	CELLO
HOBO	

55 - Professioni #2

```
E  U  A  P  I  L  O  O  T  A  R  T  S  I
C  T  I  S  O  B  C  Z  S  E  E  S  F  L
B  U  J  T  T  J  V  A  F  E  D  Ï  D  L
F  I  G  O  V  R  E  O  B  Q  L  U  E  U
O  N  J  L  U  I  O  R  J  T  I  G  T  S
O  M  V  H  X  R  N  N  W  H  H  N  E  T
S  A  V  O  I  H  N  D  A  J  C  I  C  R
O  N  M  G  R  A  N  A  E  U  S  L  T  A
L  L  E  R  A  A  R  P  L  R  T  O  I  T
I  N  G  E  N  I  E  U  R  I  K  I  V  O
F  T  A  N  D  A  R  T  S  H  S  I  E  R
Z  Y  M  C  H  I  R  U  R  G  T  T  G  R
F  O  T  O  G  R  A  A  F  U  L  C  P  O
O  I  Z  E  D  M  B  I  O  L  O  O  G  R
```

BOER
ASTRONAUT
BIOLOOG
CHIRURG
TANDARTS
DETECTIVE
FILOSOOF
FOTOGRAAF
TUINMAN

JOURNALIST
ILLUSTRATOR
INGENIEUR
LERAAR
UITVINDER
LINGUÏST
ARTS
PILOOT
SCHILDER

56 - Letteratura

```
M E N I N G T P J K D O J G
A E I F A R G O I B G L T G
P U S V A L P Ë W B N H G U
E M T I R G J T H C I D E G
L O F E S W I I E P K M I R
V C Y R U A L S T E J E S O
T E F Y D R R C O S I T U M
D I A L O O G H D Y L A L A
D T D C W S G M K L E F C N
R I H O V E E B E A G O N N
M T B E I B N X N N R O O Y
R I J M M L R K A A E R C B
A U Q S S A E Y I Y V D Q K
O M S C H R I J V I N G V C
```

ANALYSE

ANEKDOTE

AUTEUR

BIOGRAFIE

CONCLUSIE

VERGELIJKING

OMSCHRIJVING

DIALOOG

GENRE

METAFOOR

MENING

GEDICHT

POËTISCH

RIJM

RITME

ROMAN

STIJL

THEMA

57 - Cibo #2

```
D  U  U  T  L  W  E  A  P  P  E  L  A  K
B  R  J  J  N  B  M  C  G  Y  D  S  U  A
R  O  U  P  X  K  A  W  P  M  A  H  B  A
O  K  J  I  R  E  D  L  E  S  L  I  E  S
O  I  S  A  F  R  L  J  X  D  O  L  R  F
D  P  Y  B  T  S  J  I  R  O  C  O  G  S
N  S  S  S  A  M  L  U  B  S  O  C  I  X
I  L  X  F  A  N  R  V  G  B  H  C  N  Q
R  B  E  R  M  Y  A  V  A  I  C  O  E  O
H  Z  I  F  O  U  X  A  I  T  A  R  W  E
Z  U  W  Z  T  Y  D  A  N  S  R  B  M  A
G  D  I  H  P  A  D  D  E  S  T  O  E  L
F  V  K  Y  T  Y  O  G  H  U  R  T  J  N
J  Y  N  X  P  I  A  L  S  N  G  V  Z  L
```

BANAAN	BROOD
BROCCOLI	VIS
KERS	KIP
CHOCOLADE	TOMAAT
KAAS	HAM
PADDESTOEL	RIJST
TARWE	SELDERIJ
KIWI	EI
APPEL	DRUIF
AUBERGINE	YOGHURT

58 - Nutrizione

```
G E Z O N D H E I D Q G Y V
E N I X O T R A P R G P V O
W E I T A T N E M R E F K E
P T T F E N P C S M Z C W D
B T E L F E G M A G O O A I
I I E Z U H T R U L N B L N
T W I T Y S E B S I D A I G
T I D R R L T K A A M S T S
E E G E W I C H T A B A E S
R V I T A M I N E C R Z I T
K O O L H Y D R A T E N T O
E V E N W I C H T I G G U F
C A L O R I E Ë N M A U C U
V L O E I S T O F F E N I W
```

BITTER
EETLUST
EVENWICHTIG
CALORIEËN
KOOLHYDRATEN
EETBAAR
DIEET
FERMENTATIE
SMAAK
VLOEISTOFFEN

VOEDINGSSTOF
GEWICHT
EIWITTEN
KWALITEIT
SAUS
GEZONDHEID
GEZOND
TOXINE
VITAMINE

59 - Matematica

```
V  K  S  Y  M  M  E  T  R  I  E  T  P  I
N  E  K  E  O  H  D  D  V  O  L  U  M  E
Q  O  R  B  W  F  F  T  I  L  T  S  L  A
R  H  U  G  B  L  D  M  A  V  A  G  A  V
A  T  T  N  E  N  O  P  X  E  I  P  A  T
E  H  D  Z  I  L  A  A  R  T  S  S  M  H
I  C  K  D  B  E  I  T  C  A  R  F  I  C
R  E  E  L  F  O  G  J  E  E  C  T  C  E
T  R  R  G  I  D  N  U  K  N  E  K  E  R
E  D  R  I  E  H  O  E  K  I  M  O  D  D
M  V  I  E  R  K  A  N  T  O  N  I  W  O
O  M  T  R  E  K  U  J  C  R  Y  G  V  O
E  D  I  A  M  E  T  E  R  D  Z  C  W  L
G  V  E  E  L  H  O  E  K  X  S  O  M  D
```

HOEKEN
REKENKUNDIG
DECIMAAL
DIAMETER
DIVISIE
VERGELIJKING
EXPONENT
FRACTIE
GEOMETRIE
OMTREK

LOODRECHT
VEELHOEK
VIERKANT
STRAAL
RECHTHOEK
SYMMETRIE
SOM
DRIEHOEK
VOLUME

60 - Meditazione

```
G  D  T  E  I  T  A  V  R  E  S  B  O  T
E  A  X  D  S  G  W  A  G  B  X  Z  G  W
M  C  O  E  T  B  K  X  N  Z  G  T  N  P
O  L  T  R  I  N  E  V  I  D  C  L  I  G
T  W  A  V  L  E  O  Y  G  I  A  S  L  R
I  G  F  K  T  G  I  K  E  M  F  C  A  U
E  N  O  W  E  O  V  S  W  U  W  F  H  U
S  I  Q  W  A  D  D  A  E  W  J  O  M  T
M  D  D  R  T  E  D  M  B  Y  A  R  E  A
R  U  H  E  L  D  E  R  H  E  I  D  D  N
Z  O  Z  G  E  E  S  T  C  D  J  M  A  X
X  H  N  I  V  M  M  E  N  T  A  A  L  B
M  T  N  F  E  I  T  C  E  P  S  R  E  P
S  G  P  R  E  K  U  L  E  G  P  L  C  W
```

AANDACHT	MUZIEK
KALM	NATUUR
HELDERHEID	OBSERVATIE
MEDEDOGEN	VREDE
EMOTIES	HOUDING
GELUK	PERSPECTIEF
MENTAAL	ADEMHALING
GEEST	STILTE
BEWEGING	

61 - Elettricità

```
O P S L A G A W Z P H N H G
M F D R J L O Q T O A P O E
L A P A O E A D T S C Q E N
T A G B F B P M I I C P V E
E D S N L A W N P T U O E R
L R Z E E K Z E E I Z B E A
E A K L R E N T M E J J L T
F D B E Y A T W K F W E H O
O E P M A H C E Q U U C E R
O N C H X I M R W U L T I D
N H C S I R T K E L E E D Z
E L E K T R I C I E N N L Q
S T O P C O N T A C T L V Y
A P P A R A T U U R N P U C
```

APPARATUUR
ACCU
KABEL
OPSLAG
ELEKTRICIEN
ELEKTRISCH
DRADEN
GENERATOR
LAMP

LASER
MAGNEET
OBJECTEN
POSITIEF
STOPCONTACT
HOEVEELHEID
NETWERK
TELEFOON

62 - Antiquariato

```
F L C E K Y S O X T S W E G
D K V O J E T S N U K L M X
V E E R M T I E T I L A W K
E I C Q O J J T N E Y K O D
R T V O C W L X N E T N U M
Z A E I R N O O W E G N O B
A R I N I A K I U A H Y W C
M U L I A F T F E V A T T Q
E A I F L A T I E L M R U M
L T N F I J I R E L A G D A
A S G D B O U D L F R B D E
A E H C U E L E G A N T F Y
R R K I E P R I J S F M C K
N R V C M H M V I Z G P E C
```

KUNST
VEILING
AUTHENTIEK
VERZAMELAAR
DECORATIEF
ELEGANT
GALERIJ
ONGEWOON
MEUBILAIR

MUNTEN
PRIJS
KWALITEIT
RESTAURATIE
EEUW
STIJL
WAARDE
OUD

63 - Escursionismo

```
D Z W C W W B C Q J A G A V
I E N C P F I L K U I Y Y O
E H K Z I N G L U Z O N O O
R G P K F P S E D B E R G R
E U F O P O T I V R N F P B
N J I I T N E Z R A A L X E
N E K R A P N H D X R Q K R
C O L N E R E P M A K E I E
G M I X U T N E S D I G N I
T Q M L O A J N A T U U R D
H R A O R I Ë N T A T I E I
L S A Z W A A R V M P R W N
R E T A W X X M P S T R I G
J V Y E K U G C E O U J I G
```

WATER	GEVAREN
DIEREN	ZWAAR
KAMPEREN	STENEN
KLIMAAT	VOORBEREIDING
GIDSEN	KLIF
KAART	WILD
BERG	ZON
NATUUR	MOE
ORIËNTATIE	LAARZEN
PARKEN	TOP

64 - Professioni #1

```
L W J U W E L I E R P C A H
O E M U Z I K A N T I A D F
O T O A Q E A X E X A R V D
D E O J R E G A J R N T O A
G N N Z G T N M C E I O C N
I S O R O T I D E K S G A S
E C R E O O X E C E T R A E
T H T I L R L Q S H J A T R
E A S K O N E R I T O A D T
R P A N H A T N L O H F H Z
P P A A C U Z K I P W B Y W
P E A B Y U Y A K A P U H X
X R E T S G E E L P R E V E
X K P R P I B T A F S T H P
```

TRAINER
ARTIEST
ASTRONOOM
ADVOCAAT
DANSER
BANKIER
JAGER
CARTOGRAAF
EDITOR

APOTHEKER
JUWELIER
LOODGIETER
VERPLEEGSTER
MUZIKANT
PIANIST
PSYCHOLOOG
WETENSCHAPPER

65 - Antartide

```
F W O B M I N E R A L E N W
F A M K A N E D N A L I E R
G L G Q M A N R U B U N F H
T V E N R T I S E O Q A U E
J I V C J S T B I M H M V I
G S I Y L C O N T I N E N T
L S N Y R Q P P A B B I B I
E E G V G T E D R W S F C D
T N W O L K E N G B G A D E
S V H U J C C E I G A R Y P
J Z I C K J J X M I T G T X
E I T A R O L P X E A O O E
R E T A W T F B I J S E L S
S R O T S A C H T I G G D A
```

WATER	GLETSJERS
OMGEVING	IJS
BAAI	EILANDEN
WALVISSEN	MIGRATIE
BEHOUD	MINERALEN
CONTINENT	WOLKEN
EXPLORATIE	ROTSACHTIG
GEOGRAFIE	EXPEDITIE

66 - Libri

```
B L A D Z I J D E M C I V H
A V O N T U U R J M H V E I
K K A N T R A G I S C H R S
I N V E N T I E F N S W T T
A M F C O L L E C T I E E O
L Q N D M B L V I G P W L R
A J Q D S R T E K Z E S L I
A U S I J E M R Z V Ë P E S
H K T X E T N O C E M O R C
R R Y E A J P J Q I R J P H
E T R W U K O P O R M R J W
V L Y I W R I A R E T I L Z
R E L E V A N T F S G K T S
G E S C H R E V E N A M O R
```

AUTEUR   BLADZIJDE
AVONTUUR   POËZIE
COLLECTIE   RELEVANT
CONTEXT   ROMAN
EPISCH   GESCHREVEN
INVENTIEF   SERIE
LITERAIR   VERHAAL
LEZER   HISTORISCH
VERTELLER   TRAGISCH

67 - Geografia

```
N E I L A N D N A L V A B L
R O P U M U R V P V T V E W
W I O T H A L F R O N D R Y
A E V R R E G I O L E L G S
T H S I D Q X M G E N E H T
L E M T E E G B O N I R A A
A X I E E R N D N G T E H D
S A F Y M N H G S T N W O K
M E R I D I A A N E O F O A
C I E L C Y G N M G C U G A
Z U I D E N Z Q B R O U T R
J X U C Z C E M J A K Q E T
J J V Y E L E A N A N B D P
Q O D A A R G E T D E E R B
```

HOOGTE	ZEE
ATLAS	MERIDIAAN
STAD	WERELD
CONTINENT	BERG
HALFROND	NOORDEN
RIVIER	WESTEN
EILAND	LAND
BREEDTEGRAAD	REGIO
LENGTEGRAAD	ZUIDEN
KAART	

68 - Cibo #1

```
S P A Q U Q G U R T X I U K
O P K Z O U T M G R Z I J N
G L I G H M U C D J G K J O
M T F N B A S I L I C U M F
T Q G C A S U I K E R T P L
C K L E M Z Z I B S P K G O
I Z Y E R J I K E J A A L O
T R F D H S E E O N A N S K
R A C A K E T N U M R E E P
O A D L B K D J V G D E E U
E P D A O R N I S B B L L I
N V L S P J F N Y H E E V C
Z N J M M S J O G X I F Y V
O H G F J L E T R O W U S X
```

KNOFLOOK   MUNT
BASILICUM   GERST
KANEEL   PEER
VLEES   RAAP
WORTEL   ZOUT
UI   SPINAZIE
AARDBEI   SAP
SALADE   TONIJN
MELK   CAKE
CITROEN   SUIKER

69 - Aeroplani

```
G E S C H I E D E N I S C S
K I I X W A T E R S T O F N
N A V I G E R E N N U C T O
Z X P K W E U W K O Q N F X
I B O U W E J A S L D E R P
Y R O T O M G N I L A D F A
B E M A N N I N G A K N G K
P E H E M E L L I B X A L D
G F H O O G T E U T Q L V S
M S P S A T P N F C H T X D
F O T S D N A R B R H C E L
I M X A V O N T U U R T I P
X T O O L I P R E W T N O R
F A P A S S A G I E R E U J
```

HOOGTE
LUCHT
ATMOSFEER
LANDEN
AVONTUUR
BRANDSTOF
HEMEL
BOUW
ONTWERP
RICHTING

AFDALING
BEMANNING
WATERSTOF
MOTOR
NAVIGEREN
BALLON
PASSAGIER
PILOOT
GESCHIEDENIS

70 - Governo

```
G  S  D  E  M  O  C  R  A  T  I  E  G  B
E  C  Y  O  F  Y  K  I  R  B  M  I  R  U
R  N  I  M  D  Y  A  R  E  C  O  K  O  R
E  U  I  V  B  J  Q  C  C  N  N  E  N  G
C  N  W  U  I  O  Y  G  H  P  U  I  D  E
H  I  H  U  J  E  O  G  T  W  M  V  W  R
T  E  W  E  P  F  L  L  E  I  E  P  E  S
E  I  T  A  N  R  V  A  N  J  N  O  T  C
L  A  A  N  O  I  T  A  N  K  T  L  S  H
I  L  A  E  O  L  E  I  D  E  R  I  K  A
J  P  T  Z  X  N  V  D  F  E  Y  T  C  P
K  K  S  T  E  R  D  I  E  H  J  I  R  V
D  I  S  C  U  S  S  I  E  S  I  E  A  K
T  O  E  S  P  R  A  A  K  A  V  K  K  J
```

LEIDER	WET
BURGERSCHAP	VRIJHEID
CIVIEL	MONUMENT
GRONDWET	NATIONAAL
DEMOCRATIE	NATIE
RECHTEN	POLITIEK
TOESPRAAK	WIJK
DISCUSSIE	SYMBOOL
GERECHTELIJK	STAAT

71 - Bellezza

```
D  S  K  L  E  U  R  U  F  T  N  U  N  Y
K  R  C  P  T  R  S  N  O  Y  O  U  Ë  A
H  F  W  H  N  R  N  E  T  S  N  E  I  D
O  O  P  M  A  H  S  T  O  L  S  F  L  K
L  C  O  M  G  A  J  C  G  A  K  J  O  A
G  T  J  J  E  K  R  U  E  M  R  A  H  C
J  E  C  I  L  J  O  D  N  U  M  E  S  I
C  J  U  C  E  K  N  O  I  T  A  U  T  T
P  P  H  R  L  X  F  R  E  U  S  H  I  E
E  D  A  N  E  G  H  P  K  R  C  A  L  M
S  P  I  E  G  E  L  G  H  P  A  G  I  S
C  S  H  U  T  Z  H  E  B  U  R  L  S  O
Q  O  X  P  H  J  B  S  J  K  A  A  T  C
V  C  U  Y  K  R  U  L  L  E  N  D  P  B
```

KLEUR	MASCARA
COSMETICA	OLIËN
ELEGANT	HUID
CHARME	PRODUCTEN
SCHAAR	KRULLEN
FOTOGENIEK	DIENSTEN
GEUR	SHAMPOO
GENADE	SPIEGEL
GLAD	STILIST

72 - Avventura

```
N N L H V P M O E U C G V R
P E I P X C Y N X Z O N E E
I M K E N P W G C K V I I I
D S O A U J K E U D R D L S
S A H E N W G W R J E I I P
E I Z M D S F O S Q U E G L
A S M K Z R E O I E G R H A
R U U T A N G N E B D E E N
C O G N I M M E T S E B I R
P H N A V I G A T I E R D E
X T I E T I V I T C A O P I
X N E D N E I R V R C O Z Z
N E G N I G A D T I U V B E
M O E I L I J K H E I D U N
```

VRIENDEN
ACTIVITEIT
KANS
MOED
BESTEMMING
MOEILIJKHEID
ENTHOUSIASME
EXCURSIE
VREUGDE

ONGEWOON
REISPLAN
NATUUR
NAVIGATIE
NIEUW
VOORBEREIDING
UITDAGINGEN
VEILIGHEID
REIZEN

73 - Forme

```
L E G E K H G J B K R L C Y
O V E E L H O E K A O E I X
O H A X L U O J I N N I L P
B B O O C N B I A T D S I Z
R M O E C U R V E M E A N D
E A T I K R U D O A K P D Y
P T N A K R E I V I U C E A
Y B J D P R I S M A B I R R
H K I F E S H T U Q U R Q F
Q K L N U S X X V S K X G
P I R A M I D E E N X E J M
Q K B B T A D D C X W L W U
M J K E O H T H C E R S S C
O V A A L L D R I E H O E K
```

HOEK
BOOG
RANDEN
CIRKEL
CILINDER
KEGEL
KUBUS
CURVE
HYPERBOOL
KANT

LIJN
OVAAL
PIRAMIDE
VEELHOEK
PRISMA
VIERKANT
RECHTHOEK
RONDE
BOL
DRIEHOEK

74 - Oceano

```
T O N I J N D R Y W I L A P
X I P E M R O T S E E A P S
G W A Q Y E L A A N R A G I
L O C F G T F I R C T R V H
X C L B A S I V C D S O Z E
S J N V M E J A G I B K O A
N C U G E O N A E E H O P N
O U H B I N E L T C S S O P
P U A I Z Z A T I Z E C H T
S V F A L A W K J Y J V A Z
D F D R J D Z B D Y U I A O
K R A B D P P Q E Z Q A I U
O C T O P U S A N V I S X T
W A L V I S Q D D H J S N T
```

AAL	OESTER
WALVIS	VIS
BOOT	OCTOPUS
KORAAL	ZOUT
DOLFIJN	RIF
GARNAAL	SPONS
KRAB	HAAI
GETIJDEN	SCHILDPAD
KWAL	STORM
GOLVEN	TONIJN

75 - Famiglia

```
B  Y  W  B  G  G  N  E  E  F  S  M  G  E
B  R  U  N  P  R  E  D  E  O  M  O  O  T
T  E  O  O  Y  O  T  A  N  T  E  M  N  B
W  T  R  E  A  O  K  I  O  A  J  X  Y  U
E  H  V  B  R  T  H  I  T  V  I  U  O  X
E  C  O  J  E  M  M  B  N  I  U  R  A  S
L  O  Q  N  D  O  C  H  H  D  P  M  N  S
I  D  Q  I  A  E  C  S  A  E  E  M  P  Q
N  D  Z  C  V  D  G  U  E  J  T  R  J  H
G  C  M  H  U  E  N  Z  L  I  Q  T  E  Q
O  P  A  T  Q  R  P  I  M  J  L  B  F  N
Y  B  K  T  E  U  L  I  K  M  L  O  W  R
V  A  D  E  R  L  I  J  K  A  H  P  Y  K
V  O  O  R  O  U  D  E  R  N  G  S  S  D
```

VOOROUDER	NEEF
KINDEREN	NICHT
KIND	GROOTMOEDER
DOCHTER	OPA
BROER	VADER
TWEELING	VADERLIJK
JEUGD	ZUS
MOEDER	TANTE
MAN	OOM
VROUW	

76 - Creatività

```
E T B E I T Ï U T N I V V U
Z M J E N Q K Z G E N E L I
L E O V E G T V T C T R O T
P F D T W L G H K H E B E D
M E V D I A D P U T N E I R
Y B D O X E K T R H S E B U
I D E E Ë N S B D E I L A K
J S P O N T A A N I T D A K
F E I T N E V N I D E I R I
D R A M A T I S C H I N H N
V I S I O E N E N P T G E G
V A A R D I G H E I D Y I N
H E L D E R H E I D J E D D
A R T I S T I E K K T L H H
```

VAARDIGHEID   VERBEELDING
ARTISTIEK   BEELD
ECHTHEID   INDRUK
HELDERHEID   INTENSITEIT
DRAMATISCH   INTUÏTIE
EMOTIES   INVENTIEF
UITDRUKKING   GEVOEL
VLOEIBAARHEID   SPONTAAN
IDEEËN   VISIOENEN

77 - Veicoli

```
G P V F J F Q A I F S H E A
I C P I K D Z T U I N O P M
E C U E I T C O M T O O B B
G I U T G E I L V O O A I U
O V T S B K R V M R T C L L
N R R U H A V Q M T O O B A
D A A B S R N A Q E O A R N
E C C J M E A D H M B T A C
R H T H Z T V Q E H R K O E
Z T O X X O A B N N E K B L
E A R W X O R Q T R E I N H
E U M B G C A O Z R V X C M
Ë T I N L S C S Y S L I G V
R O V Y A N U T A X I S U G
```

VLIEGTUIG
AMBULANCE
AUTO
BUS
BOOT
FIETS
VRACHTAUTO
CARAVAN
METRO
MOTOR

BANDEN
RAKET
SCOOTER
ONDERZEEËR
TAXI
VEERBOOT
TRACTOR
TREIN
VLOT

78 - Emozioni

```
O  A  O  D  R  O  E  F  H  E  I  D  P  O
N  N  P  F  M  B  E  S  C  H  A  A  M  D
T  G  G  N  I  T  H  C  U  L  P  O  P  D
S  S  E  T  S  U  L  S  X  B  T  H  K  V
P  T  W  T  E  Y  J  A  D  F  C  B  A  E
A  S  O  U  N  V  M  T  H  U  J  H  L  R
N  U  N  B  A  X  R  P  J  O  O  X  M  V
N  R  D  P  N  Q  M  E  A  A  W  H  X  E
E  D  E  O  W  L  Y  U  D  T  I  R  N  L
N  Y  N  X  H  F  P  R  J  E  H  F  V  I
V  E  R  R  A  S  S  I  N  G  N  I  A  N
L  I  E  F  D  E  D  G  U  E  R  V  E  G
V  R  E  D  E  T  E  D  E  R  H  E  I  D
D  A  N  K  B  A  A  R  C  R  K  V  A  J
```

LIEFDE	WOEDE
KALM	ONTSPANNEN
INHOUD	OPLUCHTING
OPGEWONDEN	SYMPATHIE
VREUGDE	TEVREDEN
DANKBAAR	VERRASSING
BESCHAAMD	TEDERHEID
VERVELING	RUST
VREDE	DROEFHEID
ANGST	

79 - Natura

```
G E B L A D E R T E T H M X
U I Y J M U A R C T I S C H
N Z V F I C B E B K Y O A R
N N A E S U V Q I N R B T I
U W N W T D D E J E T P M V
W O E S T I J N E K L O W I
E R O S I E Y R N X L K O E
T R O P I S C H A W E X X R
M O D G I L I E H I R Y Q D
H C S I M A N Y D L V T K S
W W U N E G R E B D S O A O
B B P D K R G L E T S J E R
V I T A A L E S E R E E N Q
V G U D I E H N O O H C S H
```

DIEREN
BIJEN
ARCTISCH
SCHOONHEID
WOESTIJN
DYNAMISCH
EROSIE
RIVIER
GEBLADERTE
BOS

GLETSJER
BERGEN
MIST
WOLKEN
HEILIGDOM
WILD
SEREEN
TROPISCH
VITAAL

80 - Balletto

```
D T X N E R E I P S I V A Y
P W F O C Q I A L I N A R S
G U K G S R X T T T T A T T
S I E R L I J K M A E R I I
T S I N O P M O C E N D S J
W G L W U Z J B B O S I T L
C P B V S T F V D R I G I G
A S U A L P P A C K T H E E
J H P H P E B Q J E E E K B
B A L L E R I N A S I I E A
D A N S E R S Y T T T D I A
C H O R E O G R A F I E Z R
E X P R E S S I E F V H U A
P R A K T I J K Y O D P M R
```

VAARDIGHEID	SIERLIJK
APPLAUS	INTENSITEIT
ARTISTIEK	SPIEREN
BALLERINA	MUZIEK
DANSERS	ORKEST
COMPONIST	PRAKTIJK
CHOREOGRAFIE	PUBLIEK
EXPRESSIEF	RITME
GEBAAR	STIJL

81 - Paesi #1

```
C V T K C C N N H L A O A Ë
B A E T P Y G E M S W E H I
R I N N V I E T N A M I F N
A D S A E O F L S P A N J E
Z N O W D Z P O L E N U D M
I I L A M A U D I D H S U E
L V D A L C X E O I I E I O
I L I B I Ë A V L E R N T R
Ë E I E R N M M A A A E S I
F I N L A N D L B R K G L S
N O O R W E G E N O G A A R
P A N A M A W J P B D L N A
T B H B G P P Y M X I J D Ë
Z I A O G M A R O K K O A L
```

BRAZILIË
CAMBODJA
CANADA
EGYPTE
FINLAND
DUITSLAND
INDIA
IRAK
ISRAËL
LIBIË

MALI
MAROKKO
NOORWEGEN
PANAMA
POLEN
ROEMENIË
SENEGAL
SPANJE
VENEZUELA
VIETNAM

82 - Geometria

```
D P H M C U R V E Y V J O H
I R O R E M M U N N L B Y O
M O R T P D C C E I M V M O
E P I E X A I I L Z R S Q G
N O Z I T K R A C I G O L T
S R O R I E Q A A S W K I E
I T N O C O M V L N I Z T I
E I T E D H X A W L C O N R
G E A H L E K R I C E E E T
J F A T V I I X H D U L M E
H F L B E R E K E N I N G M
O B E R Q D S U T R E O E M
E O P P E R V L A K O Z S Y
K V E R G E L I J K I N G S
```

HOOGTE
HOEK
BEREKENING
CIRKEL
CURVE
DIAMETER
DIMENSIE
VERGELIJKING
LOGICA
MEDIAAN

NUMMER
HORIZONTAAL
PARALLEL
PROPORTIE
SEGMENT
SYMMETRIE
OPPERVLAK
THEORIE
DRIEHOEK

83 - Foresta Pluviale

```
N H P W T X B G P K S W S I
Z A D U O H E B A L F A J N
H X T V U L I Z H I T A P S
B X K U X M K J C M O R S E
G O W N U Q K E S A E D N C
N C T D R R L D N A V E Ë T
I H R A M O S C E T L V E E
V H O W N B X P E E U O I N
E U O D Y I D L M M C L B V
L I S Y K R S M E E H N I O
R E S P E C T C G E T W F G
E L G N U J T D H V S D M E
V Z O O G D I E R E N E A L
O D I V E R S I T E I T C S
```

AMFIBIEËN
BOTANISCH
KLIMAAT
GEMEENSCHAP
DIVERSITEIT
JUNGLE
INHEEMS
INSECTEN
ZOOGDIEREN
MOS

NATUUR
WOLKEN
BEHOUD
WAARDEVOL
TOEVLUCHT
RESPECT
OVERLEVING
SOORT
VOGELS

84 - Edifici

```
K A S T E E L L O O H C S Z
K Q P M G D J E B H C B A I
T O R E N B G T S E X I P E
U W X Z F L Q O E R A O P K
Q B D N F W L H R B M S A E
S T A D I O N F V E B C R N
T F A B R I E K A R A O T H
P H T D L T N S T G S O E U
P M E L N E I C O Y S P M I
D P E A S N B H R C A C E S
M A F H T T A U I R D G N K
U S Z O M E C U U M E M T Z
V S O J E O R R M U E S U M
S U P E R M A R K T D J M O
```

AMBASSADE
APPARTEMENT
CABINE
KASTEEL
BIOSCOOP
FABRIEK
SCHUUR
HOTEL
MUSEUM

ZIEKENHUIS
OBSERVATORIUM
HERBERG
SCHOOL
STADION
SUPERMARKT
THEATER
TENT
TOREN

85 - Paesi #2

```
A  L  B  A  N  I  J  A  M  A  I  C  A  S
D  N  L  W  P  T  D  S  T  S  H  K  Q  O
N  I  I  E  A  Ï  N  O  E  E  G  A  M  E
A  G  B  T  K  A  A  S  Y  C  L  J  H  D
G  E  E  H  I  H  L  D  C  D  F  I  L  A
E  R  R  I  S  T  N  E  J  R  M  Q  T  N
O  I  I  O  T  S  E  N  Ï  A  R  K  E  O
R  A  A  P  A  Y  K  E  N  Z  Z  P  S  M
N  U  S  I  N  R  E  M  M  E  Q  L  B  E
Y  J  S  Ë  A  I  I  A  U  F  P  L  H  X
F  G  O  L  P  Ë  R  R  P  J  I  A  S  I
S  J  A  D  A  Y  G  K  N  H  H  U  L  C
Y  U  L  O  J  N  T  E  P  W  U  U  I  O
R  W  L  I  A  I  D  N  A  L  R  E  I  W
```

ALBANI
DENEMARKEN
ETHIOPIË
JAMAICA
JAPAN
GRIEKENLAND
HAÏTI
IERLAND
LAOS
LIBERIA

MEXICO
NEPAL
NIGERIA
PAKISTAN
RUSLAND
SYRIË
SOEDAN
OEKRAÏNE
OEGANDA

86 - Tipi di Capelli

```
K A A L A Q F T G G X K E G
Z N G L J A V C Q F L H F E
E W N U I S Y Z K T X Q J V
V Q A G Y S D N I U R B I L
N W L R E H N U D L I P G O
E S L X T K O X N W V N A C
T J F V I E L S Q B U E P H
Z I M V W H B E L Q B L R T
K R U L L E N D U A N L W E
K G O O R D Y W M R H U O N
P Z L G Z A C H T W D R V V
G L A D V T Z V R G X K B X
G E Z O N D I B O T Y E X F
V L E C H T E N K Q K V Y D
```

ZILVER
DROOG
WIT
BLOND
KORT
KAAL
GEKLEURD
GRIJS
GEVLOCHTEN
GLAD

LANG
BRUIN
ZACHT
ZWART
KRULLEND
KRULLEN
GEZOND
DUN
DIK
VLECHTEN

87 - Vestiti

```
S  A  J  R  Y  Q  W  C  C  B  D  R  H  B
H  S  B  R  O  E  K  R  U  J  N  O  A  L
I  M  N  E  R  P  Y  J  A  M  A  K  N  O
R  S  L  A  I  M  E  O  T  T  B  A  D  U
T  Z  A  A  E  S  O  W  X  R  M  B  S  S
A  D  W  N  M  J  O  D  X  U  R  F  C  E
O  G  M  Y  D  N  J  L  E  I  A  Z  H  D
T  L  J  Q  G  A  S  C  H  O  E  N  O  K
S  N  T  M  U  E  L  U  L  P  V  P  E  E
C  H  O  E  D  L  A  E  Z  V  F  O  N  T
H  F  I  M  F  E  A  R  N  Z  Q  P  E  T
O  E  B  A  E  H  J  J  N  W  W  P  N  I
R  C  Y  E  A  H  S  E  E  P  B  Q  M  N
T  J  A  S  J  E  S  G  F  E  O  X  P  G
```

JURK	SCHORT
ARMBAND	HANDSCHOENEN
BLOUSE	JEANS
SHIRT	TRUI
HOED	MODE
JAS	BROEK
RIEM	PYJAMA
KETTING	SANDALEN
JASJE	SCHOEN
ROK	SJAAL

88 - Attività e Tempo Libero

```
T  J  I  R  E  D  L  I  H  C  S  U  I  U
U  I  S  P  B  B  F  J  O  R  E  I  S  V
I  X  O  W  Z  A  L  A  B  K  N  O  H  M
N  P  U  A  L  Z  S  H  B  S  R  E  R  F
I  S  I  N  N  E  T  K  Y  C  W  C  C  J
E  Q  Y  D  E  T  W  W  E  K  U  N  S  T
R  T  K  E  M  M  S  V  Q  T  Y  J  L  K
E  Y  F  L  O  G  M  N  Y  M  B  L  M  A
N  A  A  E  C  X  A  E  B  F  V  A  D  M
J  Z  T  N  J  M  N  F  W  A  J  B  L  P
D  U  I  K  E  N  K  R  Z  Z  Y  T  I  E
V  B  O  K  S  E  N  U  C  N  T  E  U  R
D  N  E  N  N  A  P  S  T  N  O  O  O  E
H  E  N  G  E  L  S  P  O  R  T  V  S  N
```

KUNST	HOBBY
HONKBAL	DUIKEN
BASKETBAL	ZWEMMEN
BOKSEN	HENGELSPORT
VOETBAL	SCHILDERIJ
KAMPEREN	ONTSPANNEN
WANDELEN	SURFEN
TUINIEREN	TENNIS
GOLF	REIS

89 - Arte

```
P  E  R  S  O  O  N  L  I  J  K  G  J  Y
G  N  I  L  L  E  T  S  N  E  M  A  S  F
B  E  G  N  I  K  K  U  R  D  T  I  U  W
O  R  Ï  P  O  Ë  Z  I  E  E  X  K  R  T
N  E  Y  N  Q  S  S  V  X  H  E  E  R  E
D  T  S  C  S  D  D  K  J  I  L  R  E  E
E  T  H  Y  R  P  E  E  M  L  P  A  A  F
R  E  U  P  M  E  I  D  U  Q  M  M  L  I
W  R  M  S  P  B  Ë  R  R  E  O  I  I  G
E  T  E  B  K  Y  O  R  E  B  C  S  S  U
R  R  U  N  Y  A  X  O  E  E  L  C  M  U
P  O  R  B  Y  E  O  F  L  N  R  H  E  R
D  P  E  E  N  V  O  U  D  I  G  D  Y  N
S  C  H  I  L  D  E  R  I  J  E  N  C  K
```

KERAMISCH	PERSOONLIJK
COMPLEX	POËZIE
SAMENSTELLING	PORTRETTEREN
CREËREN	EENVOUDIG
SCHILDERIJEN	SYMBOOL
UITDRUKKING	ONDERWERP
FIGUUR	SURREALISME
GEÏNSPIREERD	HUMEUR
EERLIJK	

90 - Meteo

```
I  V  Z  N  U  F  K  A  W  I  Q  B  M  A
U  J  Y  A  W  O  L  K  I  D  T  L  O  T
Z  Y  S  A  S  Q  H  S  N  N  E  I  E  M
A  U  N  K  B  H  D  E  D  S  N  K  S  O
H  K  D  R  O  O  G  R  M  F  E  S  S  S
C  N  Q  O  C  E  A  E  O  E  C  E  O  F
S  T  O  R  M  R  R  I  D  O  L  M  N  E
I  A  B  R  I  E  S  J  A  F  G  P  W  E
P  A  P  O  L  A  I  R  N  M  O  T  S  R
O  M  C  R  U  U  T  A  R  E  P  M  E  T
R  I  P  K  N  V  J  E  O  F  S  J  B  K
T  L  K  F  W  M  I  S  T  M  J  P  X  H
Z  K  D  O  N  D  E  R  Z  O  H  G  E  M
B  E  R  R  E  G  E  N  B  O  O  G  O  V
```

REGENBOOG	WOLK
DROOG	POLAIR
ATMOSFEER	DROOGTE
BRIES	TEMPERATUUR
HEMEL	STORM
KLIMAAT	TORNADO
BLIKSEM	TROPISCH
IJS	DONDER
MOESSON	ORKAAN
MIST	WIND

91 - Corpo Umano

```
O Q M P Z K P R V H O O G F
H O C A H A N D F O O H E A
U Z R R A S C H O U D E R D
I Q L C I G Z O H H L Q S H
D V T B B C T H C D K Y Q H
H E R S E N E N E N K E L J
B C H E L L E B O O G W V G
A E N T U C I C V M U A T D
Z K E M J Z N Q N R K E N G
I Y N N P K K T H C I Z E G
N E U S T L S R F E N U M A
V I N G E R B L O E D X I N
B A R M P T R D N O U O Y C
C H A R T N S B I A W B X B
```

MOND	HAND
ENKEL	KIN
HERSENEN	NEUS
NEK	OOG
HART	OOR
VINGER	HUID
GEZICHT	BLOED
BEEN	SCHOUDER
KNIE	MAAG
ELLEBOOG	HOOFD

92 - Mammiferi

```
P  P  L  G  T  R  T  N  W  X  R  U  R  W
T  A  K  R  O  U  N  J  O  B  J  K  N  A
R  W  A  O  I  R  J  I  L  L  E  V  N  L
U  Z  W  R  Z  O  I  F  F  J  O  E  B  V
A  A  P  E  D  H  N  L  P  C  R  L  R  I
R  R  I  I  K  E  O  O  L  M  E  E  L  S
B  V  A  T  S  R  K  D  R  A  O  E  C  O
E  Z  P  S  P  T  C  D  W  U  G  U  W  V
Z  O  H  C  W  N  O  V  X  A  N  W  B  T
B  L  O  H  W  A  Y  R  D  B  A  I  X  N
P  A  N  A  G  F  O  D  X  J  K  E  U  T
J  G  D  A  P  I  T  G  I  R  A  F  T  R
R  Q  I  P  X  L  E  I  U  I  I  R  U  V
Z  Q  B  L  C  O  X  Y  Y  Y  A  D  V  V
```

WALVIS	GIRAF
HOND	GORILLA
KANGOEROE	LEEUW
PAARD	WOLF
HERT	BEER
KONIJN	SCHAAP
COYOTE	AAP
DOLFIJN	STIER
OLIFANT	VOS
KAT	ZEBRA

93 - Animali Domestici

```
H  H  F  J  N  H  G  S  K  N  D  V  Z  F
F  A  I  N  E  T  O  P  A  P  I  O  F  V
W  A  M  J  C  R  S  N  T  U  E  E  K  A
I  T  R  S  N  T  F  E  D  P  R  D  I  N
S  W  E  H  T  Z  N  W  P  P  E  S  X  K
K  A  T  J  E  E  G  U  P  Y  N  E  H  H
S  M  A  I  B  Y  R  A  K  G  A  L  K  N
G  U  W  W  Z  A  C  L  I  R  R  W  N  P
J  E  K  R  A  A  G  K  B  N  T  Q  P  T
P  S  I  D  E  G  A  H  K  J  S  I  U  M
N  F  J  T  R  A  A  T  S  I  V  J  E  W
S  C  H  I  L  D  P  A  D  N  K  O  E  Z
P  A  P  E  G  A  A  I  C  O  O  U  Q  L
H  F  E  Z  A  F  Q  G  Z  K  R  E  G  D
```

WATER	KATJE
KLAUWEN	KAT
HOND	HAGEDIS
GEIT	KOE
VOEDSEL	PAPEGAAI
STAART	VIS
KRAAG	SCHILDPAD
KONIJN	MUIS
HAMSTER	DIERENARTS
PUPPY	POTEN

94 - Cucina

```
K  N  T  R  C  J  Z  G  S  L  E  T  E  K
V  G  S  E  R  V  E  T  T  B  N  P  L  R
R  R  A  S  E  J  K  O  T  S  T  E  E  U
I  I  K  C  N  M  Q  C  O  L  J  C  P  I
E  L  L  H  J  O  E  C  P  V  V  E  E  K
Z  L  E  O  G  P  P  S  F  K  E  R  L  W
E  T  O  R  T  B  U  S  S  P  M  N  L  Z
R  A  K  T  M  N  C  O  N  E  K  R  O  V
F  K  V  O  E  D  S  E  L  F  N  P  P  X
J  O  M  F  L  S  M  X  N  Y  P  O  J  L
W  M  F  P  L  A  X  B  I  G  Q  T  U  N
M  K  K  N  T  S  N  F  Q  F  M  A  R  Q
L  E  P  E  L  S  J  D  P  P  V  W  O  O
S  P  E  C  E  R  I  J  E  N  D  C  U  L
```

EETSTOKJES	KOELKAST
KETEL	SCHORT
KRUIK	GRILL
VOEDSEL	POLLEPEL
KOM	RECEPT
MESSEN	SPECERIJEN
VRIEZER	SPONS
LEPELS	CUP
VORKEN	SERVET
OVEN	POT

95 - Jazz

```
Z W R D N E T E I R O V A F
O C X R R D E I L W Q F F C
N A D R U K C C O N C E R T
X P C N B R H A O S O B Y S
R I T M E R N E G T R E U I
O Y V M I L I P D I K R A N
U J G F U Q E R D J E O L O
D E M J O Z K P N L S E B P
O N P P H M I R B I T M U M
A R T I E S T E V C E D M O
A P P L A U S X K D G U T C
I M P R O V I S A T I E W V
F L L H X T A L E N T P C Z
S A M E N S T E L L I N G Q
```

ALBUM	IMPROVISATIE
APPLAUS	MUZIEK
ARTIEST	NIEUW
LIED	ORKEST
COMPONIST	FAVORIETEN
SAMENSTELLING	RITME
CONCERT	STIJL
NADRUK	TALENT
BEROEMD	TECHNIEK
GENRE	OUD

96 - Vacanze #2

```
H B E S T E M M I N G Z M P
O O H I U G N A F L Q K E T
D L T B V R I J E T I J D E
L Q J E T E N T X N U J U T
V U L K L B E A A A W K X R
I C C H E D R T T R A A K E
S Z L H S M E C H U Y L Z I
U C H I T M P D N A R T S N
M K F L J H M Q H T E T H L
E I L A N D A A E S I A U U
G F O T O S K V L E S X J Y
V A K A N T I E E R G I H A
P A S P O O R T S N B W J B
V E R V O E R D Z K Y C W E
```

LUCHTHAVEN
KAMPEREN
BESTEMMING
FOTO'S
HOTEL
EILAND
KAART
ZEE
PASPOORT
RESTAURANT

STRAND
TAXI
VRIJE TIJD
TENT
VERVOER
TREIN
VAKANTIE
REIS
VISUM

97 - Attività

```
D K A M P E R E N E N E N Z
I A A M B A C H T E N D Q F
R V N E L E D N A W I F I O
W M T S L E Z Z U P Q W T T
P N M I E R F F J Q G N A O
J E V A E N P L E Z I E R G
S R U B G T S N U K O I L R
S E M A G I I U N M Q A E A
Y I C U O W E V H Z E A Z F
O N T S P A N N I N G N E I
R I J L Z T G T P T X S N E
L U R L K F F R T H C A J R
B T O D I E H G I D R A A V
K E R A M I E K W B T U H M
```

VAARDIGHEID	WANDELEN
KUNST	FOTOGRAFIE
AMBACHTEN	TUINIEREN
ACTIVITEIT	GAMES
JACHT	LEZEN
KAMPEREN	MAGIE
KERAMIEK	PLEZIER
NAAIEN	PUZZELS
DANSEN	ONTSPANNING

98 - Diplomazia

```
C  I  C  O  N  F  L  I  C  T  G  J  R  G
A  N  M  T  K  V  L  O  O  O  J  K  C  E
D  T  C  B  J  G  N  I  R  E  G  E  R  R
V  E  G  N  I  S  S  O  L  P  O  I  U  E
I  G  U  J  L  Z  Q  P  R  U  F  T  E  C
S  R  E  G  R  U  B  P  L  Y  I  A  D  H
E  I  N  R  E  D  A  S  S  A  B  M  A  T
U  T  V  H  G  T  D  P  B  O  G  O  S  I
R  E  X  P  R  Z  H  K  F  S  E  L  S  G
E  I  S  S  U  C  S  I  D  E  C  P  A  H
U  T  I  S  B  R  X  W  E  R  F  I  B  E
P  O  L  I  T  I  E  K  A  K  P  D  M  I
V  E  R  D  R  A  G  R  W  H  U  N  A  D
G  E  M  E  E  N  S  C  H  A  P  Q  J  K
```

AMBASSADE	DISCUSSIE
AMBASSADEUR	ETHIEK
BURGERS	GERECHTIGHEID
BURGERLIJK	REGERING
GEMEENSCHAP	INTEGRITEIT
CONFLICT	POLITIEK
ADVISEUR	OPLOSSING
DIPLOMATIEK	VERDRAG

99 - Forniture Artistiche

```
A Q U A R E L L E N I B G E
E Z E L A C R Y L P N O G K
I L K D T L Q M E P K R W F
D K R L I U I B L E T S A P
E L Y R E V B J M V C T X H
E E M B T I I Y M O G E P O
Ë U W F I E S U O Y E L I U
N R W Q V W T J T M J S C T
F E Q Z I S O Y C A W U L S
V N K B T V E N M F F H G K
O L I E A L L D R T C E V O
H D P N E D O L T O P V L O
W A T E R E I P A P N N O L
A R Q T C C A M E R A M S G
```

WATER
AQUARELLEN
ACRYL
KLEI
HOUTSKOOL
PAPIER
EZEL
LIJM
KLEUREN
CREATIVITEIT

GOM
IDEEËN
INKT
POTLODEN
OLIE
PASTEL
STOEL
BORSTELS
TAFEL
CAMERA

100 - Misurazioni

```
K  M  M  K  V  C  D  B  W  N  X  I  P  A
I  W  E  I  O  Q  H  E  Y  B  I  Y  X  W
L  C  T  L  L  G  O  T  C  T  N  I  P  S
O  E  E  O  U  U  O  P  L  I  E  L  L  I
G  N  R  M  M  O  G  E  S  J  M  J  N  A
R  T  B  E  E  S  T  I  N  C  H  A  P  B
A  I  R  T  J  I  E  D  O  A  B  Y  A  D
M  M  E  E  T  O  N  M  I  N  U  U  T  L
M  E  E  R  N  L  B  E  L  S  J  W  D  M
A  T  D  B  H  G  I  M  F  G  R  T  I  N
Q  E  T  G  L  S  T  T  H  C  I  W  E  G
W  R  E  R  O  P  V  M  E  T  G  N  E  L
T  H  C  A  K  M  D  A  A  R  G  I  K  B
Q  T  P  M  Y  M  H  R  G  T  W  V  X  S
```

HOOGTE	LENGTE
BYTE	METER
CENTIMETER	MINUUT
KILOGRAM	ONS
KILOMETER	GEWICHT
DECIMAAL	PINT
GRAAD	INCH
GRAM	DIEPTE
BREEDTE	TON
LITER	VOLUME

1 - Scacchi

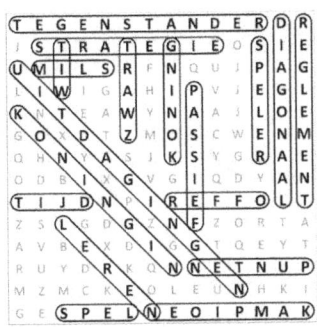

2 - Salute e Benessere #2

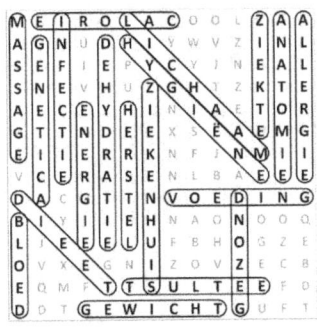

3 - Aggettivi #2

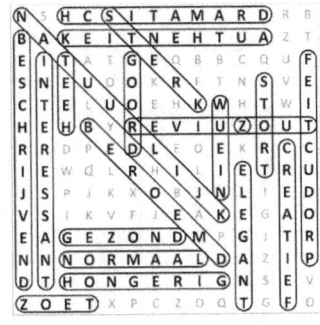

4 - Ingegneria

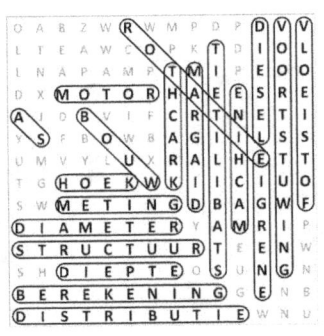

5 - Archeologia

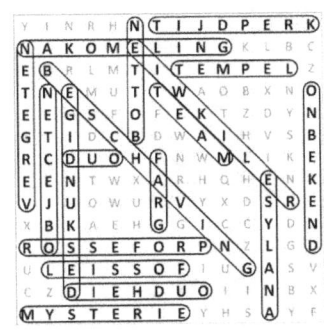

6 - Salute e Benessere #1

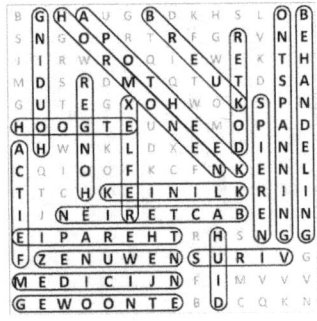

7 - Aggettivi #1

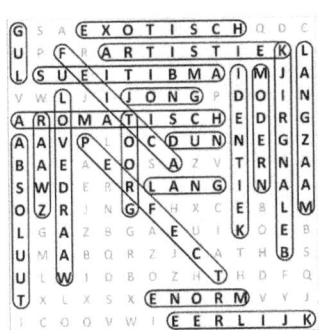

8 - Geologia

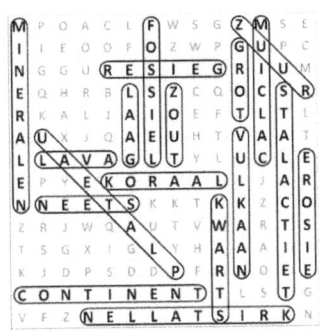

9 - Campeggio

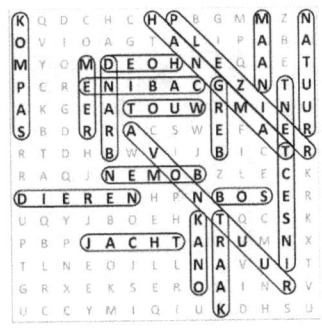

10 - Arti Visive

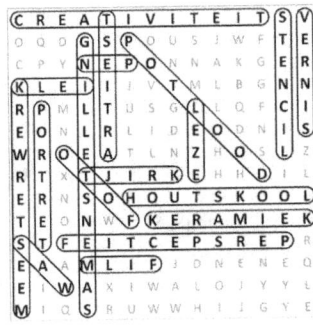

11 - Tempo

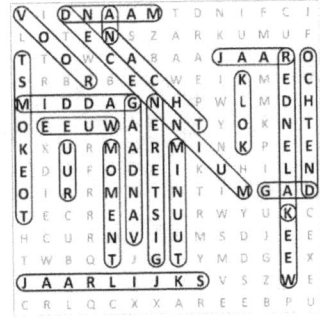

12 - Astronomia

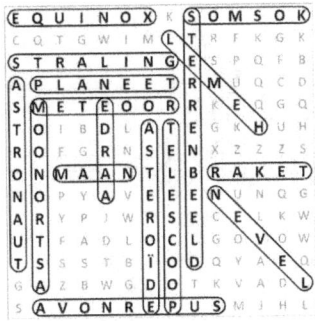

13 - Circo

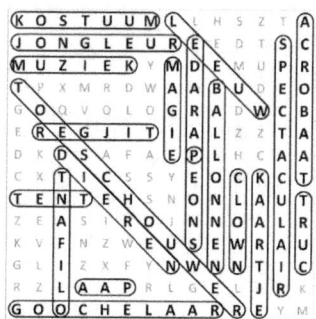

14 - Algebra

15 - Mitologia

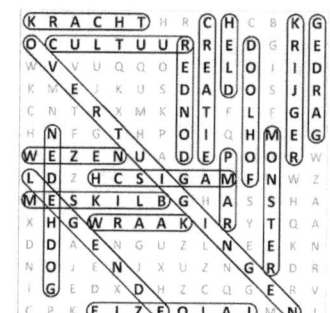

16 - Piante

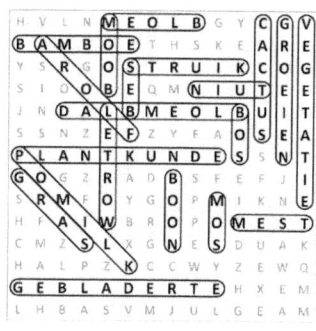

17 - Spezie

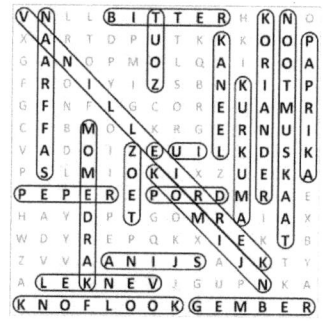

18 - Numeri

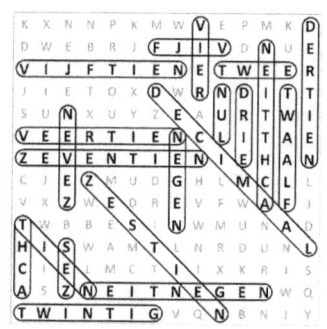

19 - Cioccolato

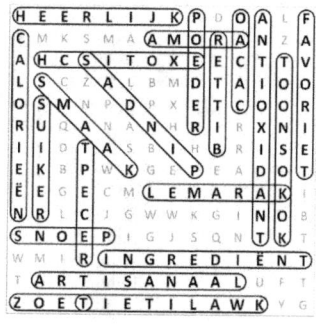

20 - Guida

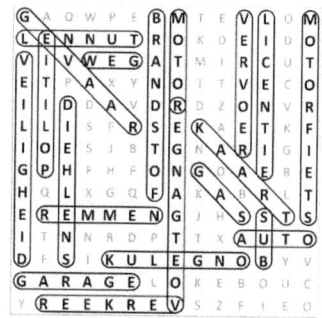

21 - I Media

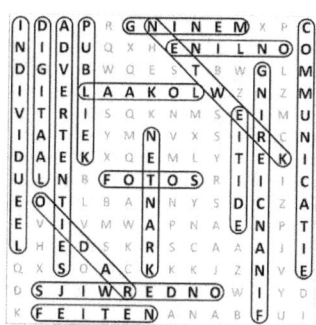

22 - Forza e Gravità

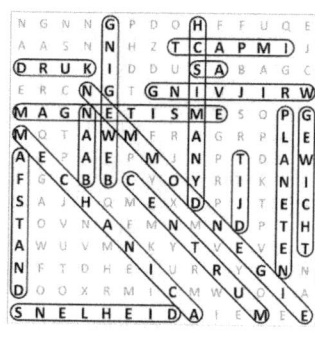

23 - Caffè

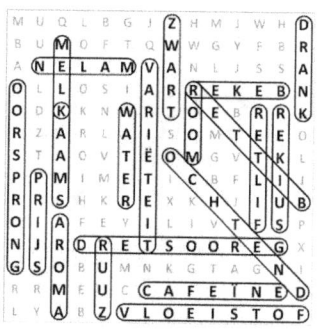

24 - Uccelli

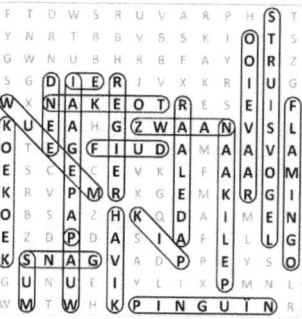

25 - Giorni e Mesi

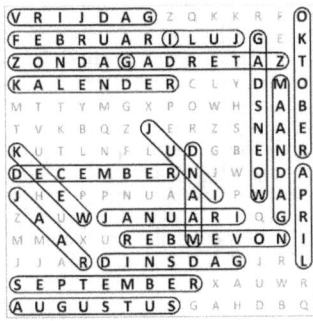

26 - Casa

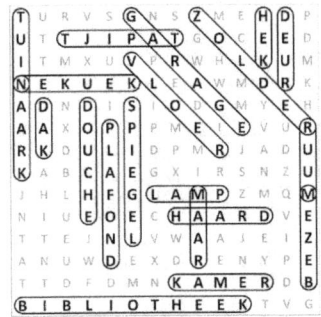

27 - Ristorante #1

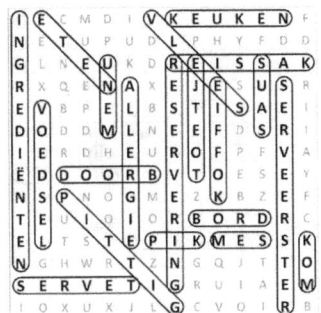

28 - Fantascienza

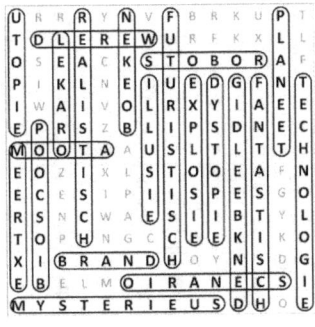

29 - Città

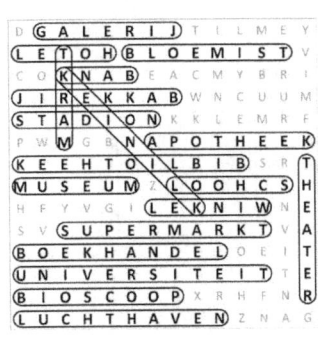

30 - Fattoria #1

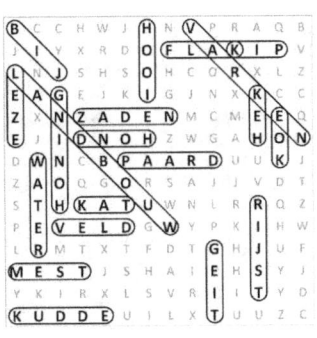

31 - Psicologia

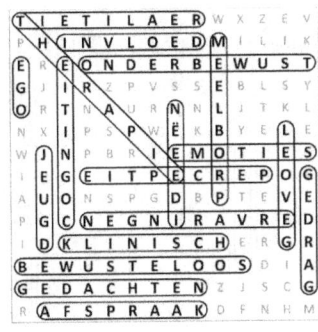

32 - Paesaggi

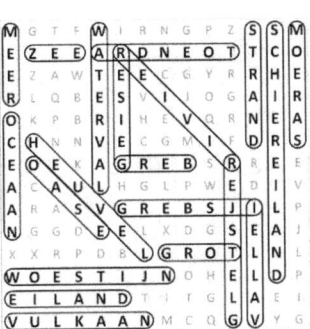

33 - Energia

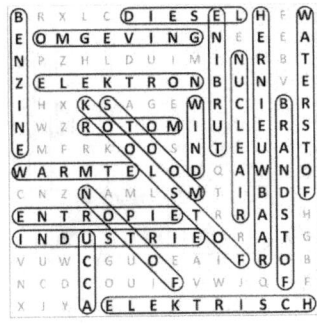

34 - Ristorante #2

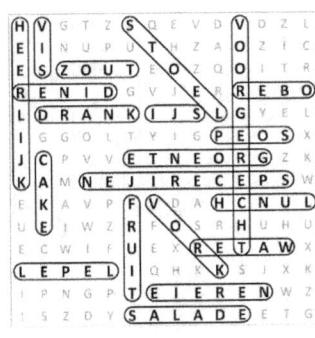

35 - Moda

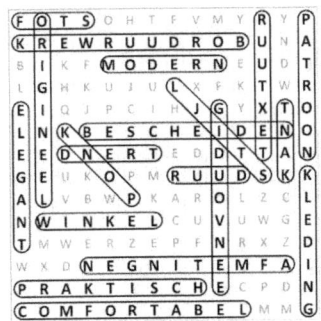

36 - Giardino

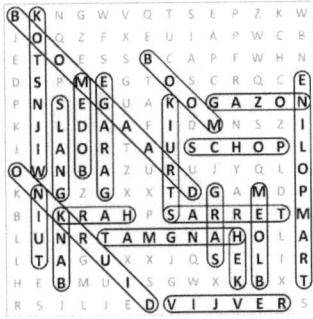

37 - Frutta

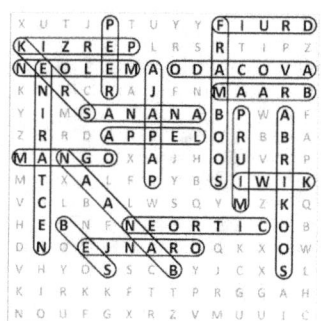

38 - Fattoria #2

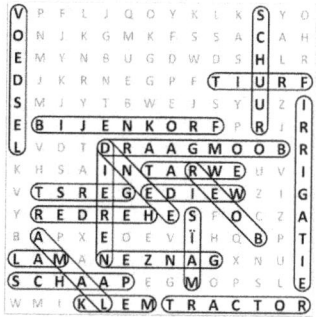

39 - Verdure

40 - Musica

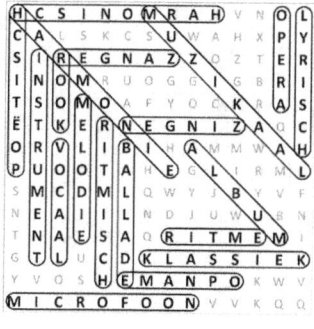

41 - Barbecue

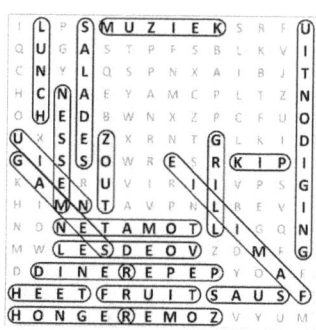

42 - Fisica

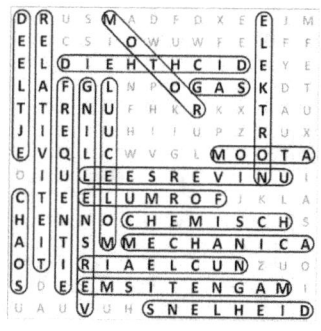

43 - Erboristeria

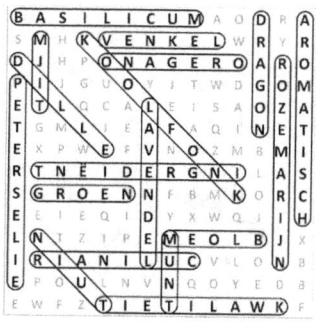

44 - Danza

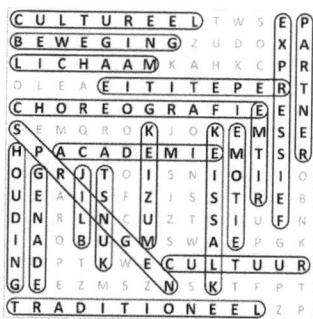

45 - Attività Commerciale

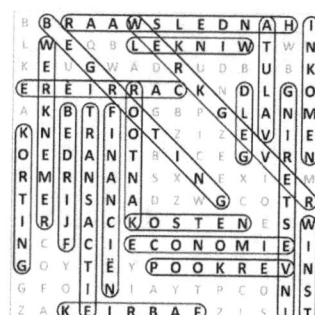

46 - Fiori

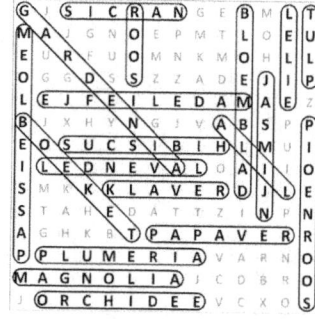

47 - Ecologia

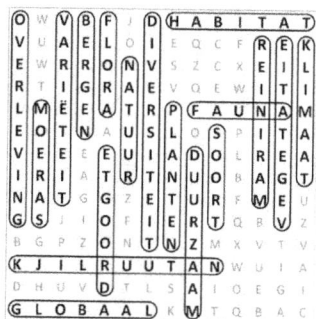

48 - Discipline Scientifiche

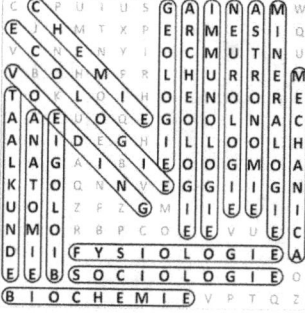

49 - Scienza

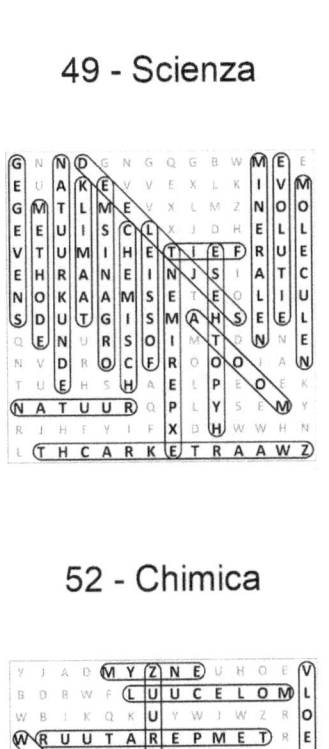

50 - Acqua

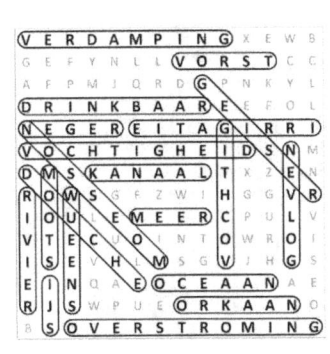

51 - Imbarcazioni

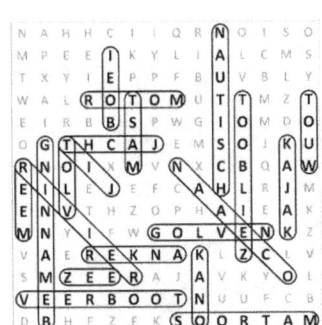

52 - Chimica

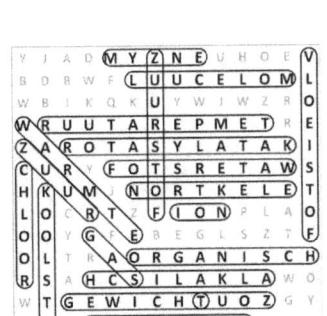

53 - Api

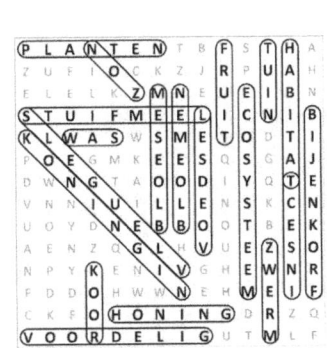

54 - Strumenti Musicali

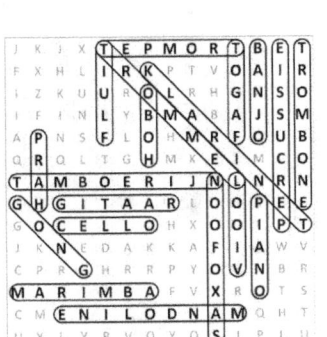

55 - Professioni #2

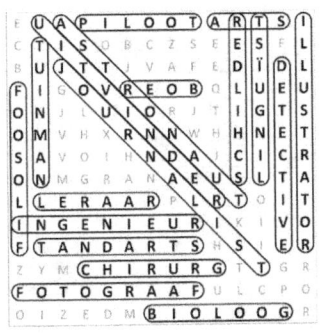

56 - Letteratura

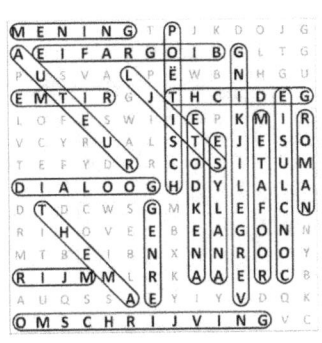

57 - Cibo #2

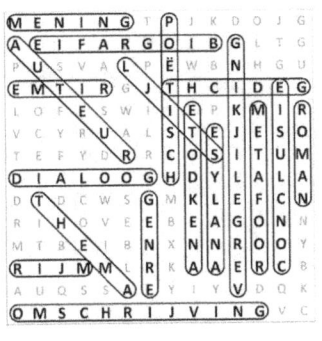

58 - Nutrizione

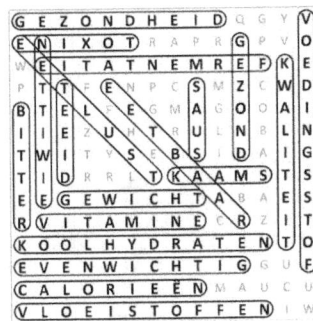

59 - Matematica

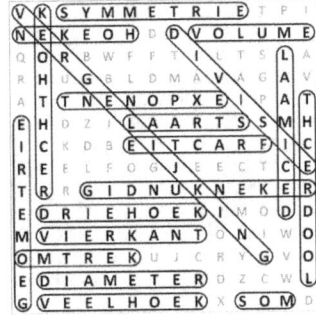

60 - Meditazione

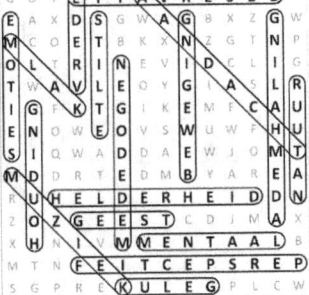

61 - Elettricità

62 - Antiquariato

63 - Escursionismo

64 - Professioni #1

65 - Antartide

66 - Libri

67 - Geografia

68 - Cibo #1

69 - Aeroplani

70 - Governo

71 - Bellezza

72 - Avventura

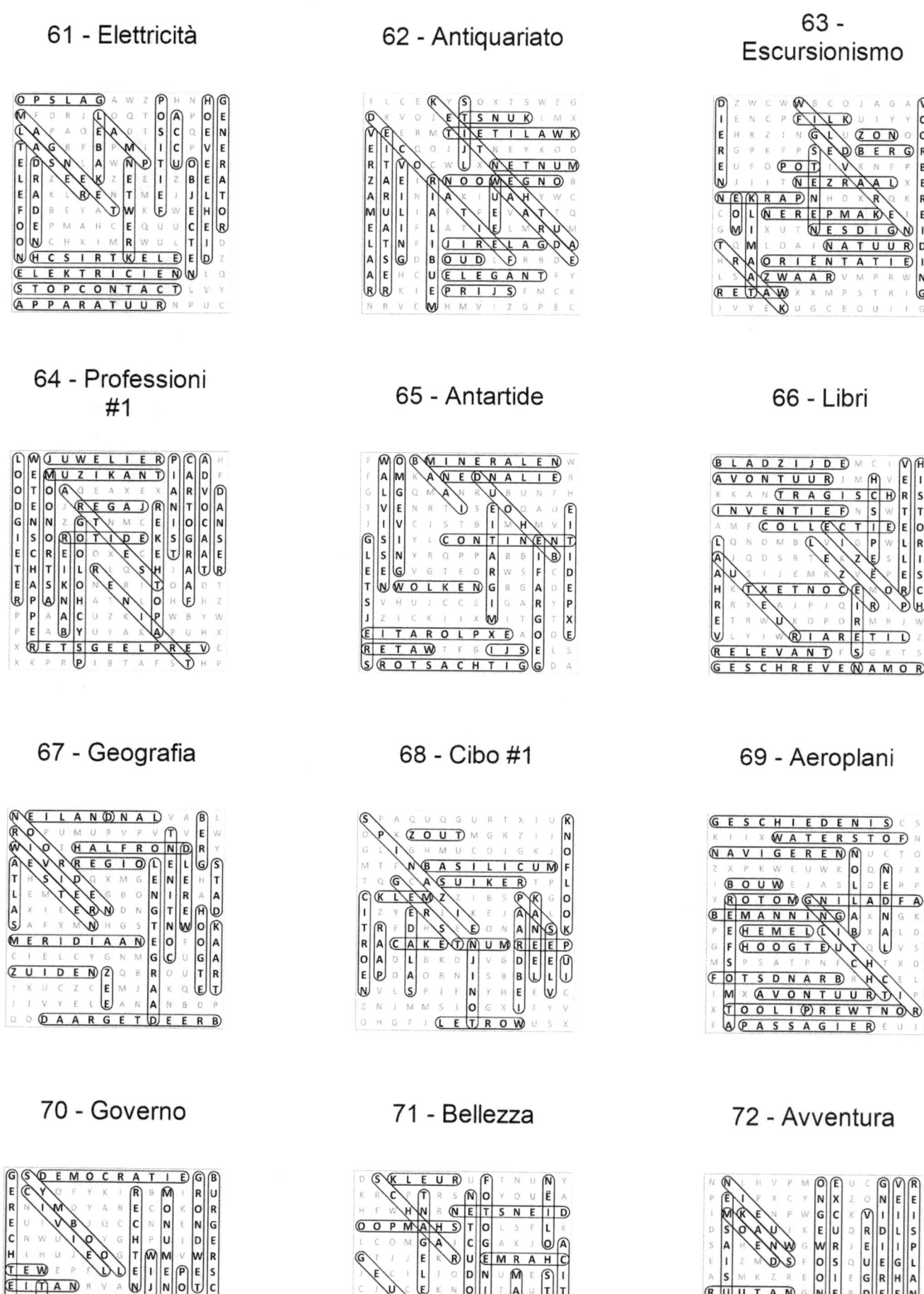

73 - Forme

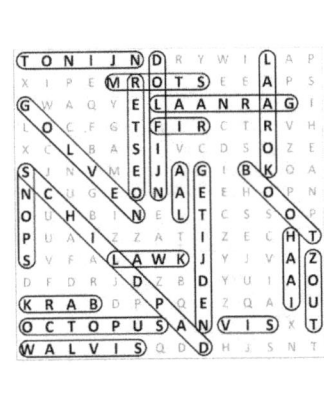

74 - Oceano

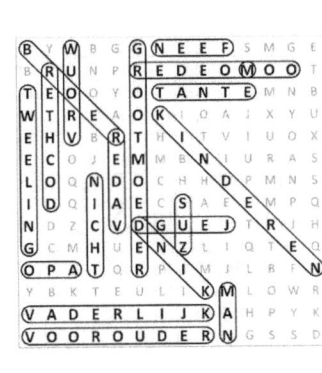

75 - Famiglia

76 - Creatività

77 - Veicoli

78 - Emozioni

79 - Natura

80 - Balletto

81 - Paesi #1

82 - Geometria

83 - Foresta Pluviale

84 - Edifici

85 - Paesi #2

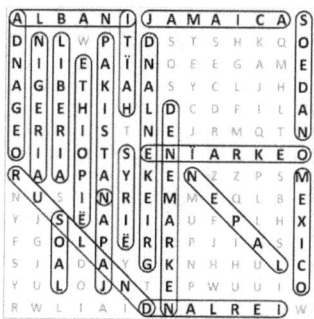

86 - Tipi di Capelli

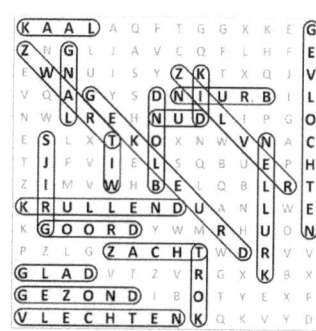

87 - Vestiti

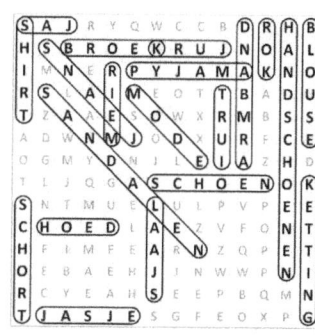

88 - Attività e Tempo Libero

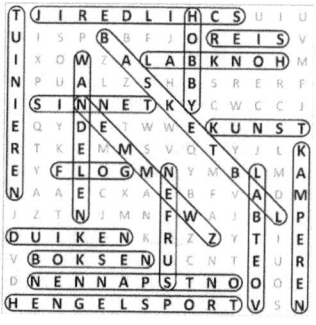

89 - Arte

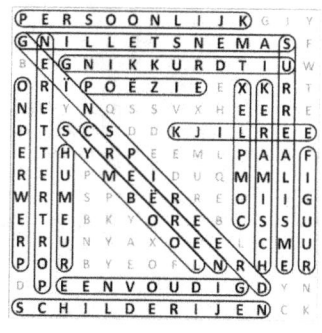

90 - Meteo

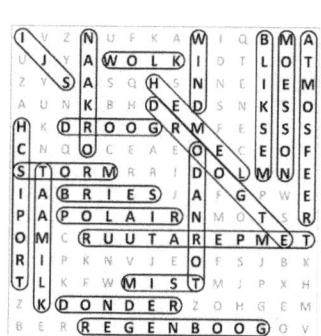

91 - Corpo Umano

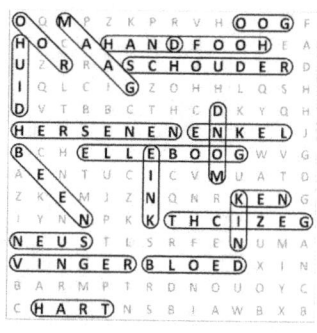

92 - Mammiferi

93 - Animali Domestici

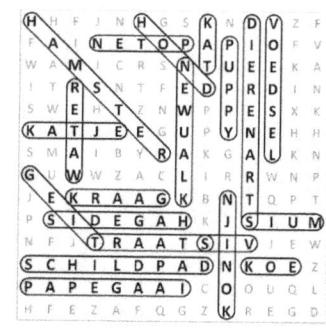

94 - Cucina

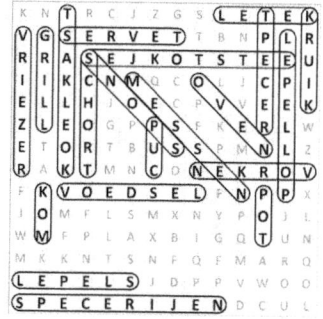

95 - Jazz

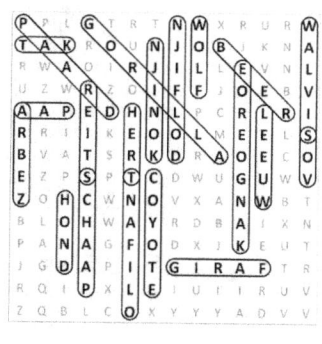

96 - Vacanze #2

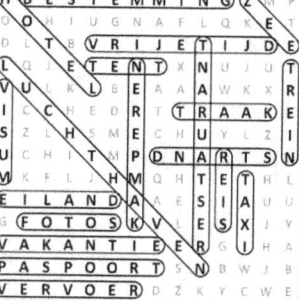

97 - Attività

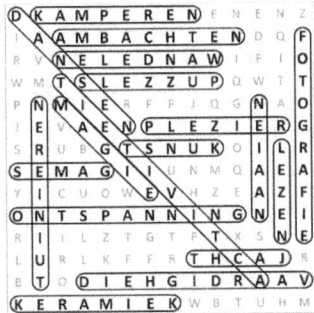

98 - Diplomazia

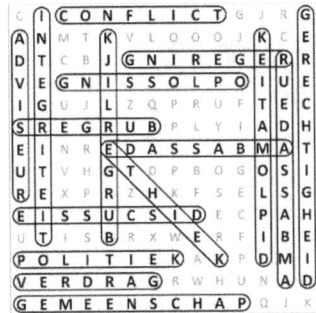

99 - Forniture Artistiche

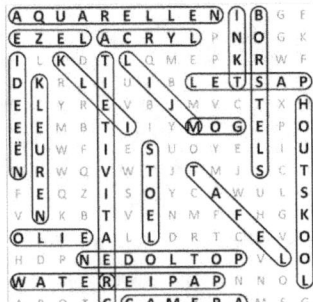

100 - Misurazioni

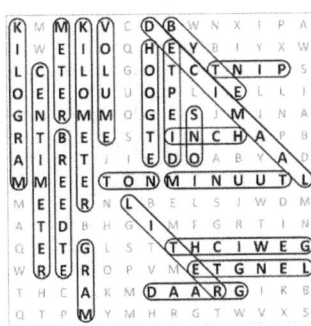

Dizionario

Acqua
Water

Alluvione	Overstroming
Canale	Kanaal
Doccia	Douche
Evaporazione	Verdamping
Fiume	Rivier
Gelo	Vorst
Geyser	Geiser
Ghiaccio	Ijs
Irrigazione	Irrigatie
Lago	Meer
Monsone	Moesson
Neve	Sneeuw
Oceano	Oceaan
Onde	Golven
Pioggia	Regen
Potabile	Drinkbaar
Umidità	Vochtigheid
Umido	Vochtig
Uragano	Orkaan
Vapore	Stoom

Aeroplani
Vliegtuigen

Altezza	Hoogte
Aria	Lucht
Atmosfera	Atmosfeer
Atterraggio	Landen
Avventura	Avontuur
Carburante	Brandstof
Cielo	Hemel
Costruzione	Bouw
Design	Ontwerp
Direzione	Richting
Discesa	Afdaling
Equipaggio	Bemanning
Idrogeno	Waterstof
Motore	Motor
Navigare	Navigeren
Palloncino	Ballon
Passeggero	Passagier
Pilota	Piloot
Storia	Geschiedenis
Turbolenza	Turbulentie

Aggettivi #1
Bijvoeglijke Naamwoorden

Ambizioso	Ambitieus
Aromatico	Aromatisch
Artistico	Artistiek
Assoluto	Absoluut
Attivo	Actief
Enorme	Enorm
Esotico	Exotisch
Generoso	Gul
Giovane	Jong
Grande	Groot
Identico	Identiek
Importante	Belangrijk
Lento	Langzaam
Lungo	Lang
Moderno	Modern
Onesto	Eerlijk
Perfetto	Perfect
Pesante	Zwaar
Prezioso	Waardevol
Sottile	Dun

Aggettivi #2
Bijvoeglijke Naamwoorden

Affamato	Hongerig
Asciutto	Droog
Autentico	Authentiek
Caldo	Heet
Creativo	Creatief
Descrittivo	Beschrijvend
Dolce	Zoet
Drammatico	Dramatisch
Elegante	Elegant
Famoso	Beroemd
Forte	Sterk
Interessante	Interessant
Naturale	Natuurlijk
Normale	Normaal
Nuovo	Nieuw
Orgoglioso	Trots
Produttivo	Productief
Puro	Zuiver
Salato	Zout
Sano	Gezond

Algebra
Algebra

Diagramma	Diagram
Divisione	Divisie
Equazione	Vergelijking
Esponente	Exponent
Falso	Vals
Fattore	Factor
Formula	Formule
Frazione	Fractie
Grafico	Grafiek
Infinito	Oneindig
Lineare	Lineair
Matrice	Matrix
Numero	Nummer
Parentesi	Haakje
Problema	Probleem
Soluzione	Oplossing
Somma	Som
Sottrazione	Aftrekken
Variabile	Variabele
Zero	Nul

Animali Domestici
Huisdieren

Acqua	Water
Artigli	Klauwen
Cane	Hond
Capra	Geit
Cibo	Voedsel
Coda	Staart
Collare	Kraag
Coniglio	Konijn
Criceto	Hamster
Cucciolo	Puppy
Gattino	Katje
Gatto	Kat
Lucertola	Hagedis
Mucca	Koe
Pappagallo	Papegaai
Pesce	Vis
Tartaruga	Schildpad
Topo	Muis
Veterinario	Dierenarts
Zampe	Poten

Antartide
Antarctica

Acqua	Water
Ambiente	Omgeving
Baia	Baai
Balene	Walvissen
Conservazione	Behoud
Continente	Continent
Esplorazione	Exploratie
Geografia	Geografie
Ghiacciai	Gletsjers
Ghiaccio	Ijs
Isole	Eilanden
Migrazione	Migratie
Minerali	Mineralen
Nuvole	Wolken
Penisola	Schiereiland
Ricercatore	Onderzoeker
Roccioso	Rotsachtig
Spedizione	Expeditie
Temperatura	Temperatuur
Topografia	Topografie

Antiquariato
Antiek

Arte	Kunst
Asta	Veiling
Autentico	Authentiek
Collezionista	Verzamelaar
Condizione	Voorwaarde
Decorativo	Decoratief
Elegante	Elegant
Galleria	Galerij
Insolito	Ongewoon
Investimento	Investering
Mobilio	Meubilair
Monete	Munten
Prezzo	Prijs
Qualità	Kwaliteit
Restauro	Restauratie
Scultura	Beeldhouwwerk
Secolo	Eeuw
Stile	Stijl
Valore	Waarde
Vecchio	Oud

Api
Bijen

Ali	Vleugels
Alveare	Bijenkorf
Benefico	Voordelig
Cera	Was
Cibo	Voedsel
Diversità	Diversiteit
Ecosistema	Ecosysteem
Fiori	Bloemen
Fiorire	Bloesem
Frutta	Fruit
Fumo	Rook
Giardino	Tuin
Habitat	Habitat
Insetto	Insect
Miele	Honing
Piante	Planten
Polline	Stuifmeel
Regina	Koningin
Sciame	Zwerm
Sole	Zon

Archeologia
Archeologie

Analisi	Analyse
Antichità	Oudheid
Antico	Oud
Civiltà	Beschaving
Dimenticato	Vergeten
Discendente	Nakomeling
Era	Tijdperk
Esperto	Deskundige
Fossile	Fossiel
Mistero	Mysterie
Oggetti	Objecten
Ossa	Botten
Professore	Professor
Reliquia	Relikwie
Ricercatore	Onderzoeker
Sconosciuto	Onbekend
Squadra	Team
Tempio	Tempel
Tomba	Graf
Valutazione	Evaluatie

Arte
Kunst

Ceramica	Keramisch
Complesso	Complex
Composizione	Samenstelling
Creare	Creëren
Dipinti	Schilderijen
Espressione	Uitdrukking
Figura	Figuur
Ispirato	Geïnspireerd
Onesto	Eerlijk
Originale	Origineel
Personale	Persoonlijk
Poesia	Poëzie
Ritrarre	Portretteren
Scultura	Beeldhouwwerk
Semplice	Eenvoudig
Simbolo	Symbool
Soggetto	Onderwerp
Surrealismo	Surrealisme
Umore	Humeur
Visivo	Visueel

Arti Visive
Beeldende Kunsten

Architettura	Architectuur
Argilla	Klei
Artista	Artiest
Capolavoro	Meesterwerk
Carbone	Houtskool
Cavalletto	Ezel
Cera	Was
Ceramica	Keramiek
Composizione	Samenstelling
Creatività	Creativiteit
Film	Film
Fotografia	Foto
Gesso	Krijt
Matita	Potlood
Penna	Pen
Prospettiva	Perspectief
Ritratto	Portret
Scultura	Beeldhouwwerk
Stampino	Stencil
Vernice	Vernis

Astronomia
Astronomie

Asteroide	Asteroïde
Astronauta	Astronaut
Astronomo	Astronoom
Cielo	Hemel
Cosmo	Kosmos
Costellazione	Sterrenbeeld
Equinozio	Equinox
Gravità	Zwaartekracht
Luna	Maan
Meteora	Meteoor
Nebulosa	Nevel
Osservatorio	Observatorium
Pianeta	Planeet
Radiazione	Straling
Razzo	Raket
Supernova	Supernova
Telescopio	Telescoop
Terra	Aarde
Universo	Universum
Zodiaco	Dierenriem

Attività
Activiteiten

Abilità	Vaardigheid
Arte	Kunst
Artigianato	Ambachten
Attività	Activiteit
Caccia	Jacht
Campeggio	Kamperen
Ceramica	Keramiek
Cucire	Naaien
Danza	Dansen
Escursioni	Wandelen
Fotografia	Fotografie
Giardinaggio	Tuinieren
Giochi	Games
Lettura	Lezen
Magia	Magie
Pesca	Hengelsport
Piacere	Plezier
Puzzle	Puzzels
Rilassamento	Ontspanning
Tempo Libero	Vrije Tijd

Attività Commerciale
Zakelijk

Bilancio	Begroting
Carriera	Carrière
Costo	Kosten
Datore di Lavoro	Werkgever
Dipendente	Werknemer
Economia	Economie
Fabbrica	Fabriek
Finanza	Financiën
Investimento	Investering
Merce	Handelswaar
Negozio	Winkel
Profitto	Winst
Reddito	Inkomen
Sconto	Korting
Società	Bedrijf
Soldi	Geld
Transazione	Transactie
Ufficio	Kantoor
Valuta	Valuta
Vendita	Verkoop

Attività e Tempo Libero
Activiteiten en Vrije Ti

Arte	Kunst
Baseball	Honkbal
Basket	Basketbal
Boxe	Boksen
Calcio	Voetbal
Campeggio	Kamperen
Escursioni	Wandelen
Giardinaggio	Tuinieren
Golf	Golf
Hobby	Hobby
Immersione	Duiken
Nuoto	Zwemmen
Pallavolo	Volleybal
Pesca	Hengelsport
Pittura	Schilderij
Rilassante	Ontspannen
Surf	Surfen
Tennis	Tennis
Viaggio	Reis

Avventura
Avontuur

Amici	Vrienden
Attività	Activiteit
Bellezza	Schoonheid
Caso	Kans
Coraggio	Moed
Destinazione	Bestemming
Difficoltà	Moeilijkheid
Entusiasmo	Enthousiasme
Escursione	Excursie
Gioia	Vreugde
Insolito	Ongewoon
Itinerario	Reisplan
Natura	Natuur
Navigazione	Navigatie
Nuovo	Nieuw
Pericoloso	Gevaarlijk
Preparazione	Voorbereiding
Sfide	Uitdagingen
Sicurezza	Veiligheid
Viaggi	Reizen

Balletto
Ballet

Abilità	Vaardigheid
Applauso	Applaus
Artistico	Artistiek
Ballerina	Ballerina
Ballerini	Dansers
Compositore	Componist
Coreografia	Choreografie
Espressivo	Expressief
Gesto	Gebaar
Grazioso	Sierlijk
Intensità	Intensiteit
Muscoli	Spieren
Musica	Muziek
Orchestra	Orkest
Pratica	Praktijk
Prova	Repetitie
Pubblico	Publiek
Ritmo	Ritme
Stile	Stijl
Tecnica	Techniek

Barbecue
Barbecues

Caldo	Heet
Cena	Diner
Cibo	Voedsel
Cipolle	Uien
Coltelli	Messen
Estate	Zomer
Fame	Honger
Famiglia	Familie
Frutta	Fruit
Giochi	Games
Griglia	Grill
Insalate	Salades
Invito	Uitnodiging
Musica	Muziek
Pepe	Peper
Pollo	Kip
Pomodori	Tomaten
Pranzo	Lunch
Sale	Zout
Salsa	Saus

Bellezza
Schoonheid

Colore	Kleur
Cosmetici	Cosmetica
Elegante	Elegant
Eleganza	Elegantie
Fascino	Charme
Forbici	Schaar
Fotogenico	Fotogeniek
Fragranza	Geur
Grazia	Genade
Liscio	Glad
Mascara	Mascara
Oli	Oliën
Pelle	Huid
Prodotti	Producten
Riccioli	Krullen
Rossetto	Lippenstift
Servizi	Diensten
Shampoo	Shampoo
Specchio	Spiegel
Stilista	Stilist

Caffè
Koffie

Acido	Zuur
Acqua	Water
Amaro	Bitter
Aroma	Aroma
Arrostito	Geroosterd
Bevanda	Drank
Caffeina	Cafeïne
Crema	Room
Filtro	Filter
Gusto	Smaak
Latte	Melk
Liquido	Vloeistof
Macinare	Malen
Mattina	Ochtend
Nero	Zwart
Origine	Oorsprong
Prezzo	Prijs
Tazza	Beker
Varietà	Variëteit
Zucchero	Suiker

Campeggio
Camping

Alberi	Bomen
Amaca	Hangmat
Animali	Dieren
Avventura	Avontuur
Bussola	Kompas
Cabina	Cabine
Caccia	Jacht
Canoa	Kano
Cappello	Hoed
Corda	Touw
Divertimento	Plezier
Foresta	Bos
Fuoco	Brand
Insetto	Insect
Lago	Meer
Luna	Maan
Mappa	Kaart
Montagna	Berg
Natura	Natuur
Tenda	Tent

Casa
Huis

Attico	Zolder
Biblioteca	Bibliotheek
Camera	Kamer
Camino	Haard
Cucina	Keuken
Doccia	Douche
Finestra	Raam
Garage	Garage
Giardino	Tuin
Lampada	Lamp
Parete	Muur
Pavimento	Vloer
Porta	Deur
Recinto	Hek
Rubinetto	Kraan
Scopa	Bezem
Soffitto	Plafond
Specchio	Spiegel
Tappeto	Tapijt
Tetto	Dak

Chimica
Chemie

Acido	Zuur
Alcalino	Alkalisch
Atomico	Atoom
Calore	Warmte
Carbonio	Koolstof
Catalizzatore	Katalysator
Cloro	Chloor
Elettrone	Elektron
Enzima	Enzym
Gas	Gas
Idrogeno	Waterstof
Ione	Ion
Liquido	Vloeistof
Molecola	Molecuul
Nucleare	Nucleair
Organico	Organisch
Ossigeno	Zuurstof
Peso	Gewicht
Sale	Zout
Temperatura	Temperatuur

Cibo #1
Eten #1

Aglio	Knoflook
Basilico	Basilicum
Cannella	Kaneel
Carne	Vlees
Carota	Wortel
Cipolla	Ui
Fragola	Aardbei
Insalata	Salade
Latte	Melk
Limone	Citroen
Menta	Munt
Orzo	Gerst
Pera	Peer
Rapa	Raap
Sale	Zout
Spinaci	Spinazie
Succo	Sap
Tonno	Tonijn
Torta	Cake
Zucchero	Suiker

Cibo #2
Eten #2

Banana	Banaan
Broccolo	Broccoli
Ciliegia	Kers
Cioccolato	Chocolade
Formaggio	Kaas
Fungo	Paddestoel
Grano	Tarwe
Kiwi	Kiwi
Mela	Appel
Melanzana	Aubergine
Pane	Brood
Pesce	Vis
Pollo	Kip
Pomodoro	Tomaat
Prosciutto	Ham
Riso	Rijst
Sedano	Selderij
Uovo	Ei
Uva	Druif
Yogurt	Yoghurt

Cioccolato
Chocolade

Amaro	Bitter
Antiossidante	Antioxidant
Arachidi	Pinda'S
Aroma	Aroma
Artigianale	Artisanaal
Cacao	Cacao
Calorie	Calorieën
Caramella	Snoep
Caramello	Karamel
Delizioso	Heerlijk
Dolce	Zoet
Esotico	Exotisch
Gusto	Smaak
Ingrediente	Ingrediënt
Noce di Cocco	Kokosnoot
Polvere	Poeder
Preferito	Favoriet
Qualità	Kwaliteit
Ricetta	Recept
Zucchero	Suiker

Circo
Circus

Acrobata	Acrobaat
Animali	Dieren
Biglietto	Kaartje
Caramella	Snoep
Clown	Clown
Costume	Kostuum
Elefante	Olifant
Giocoliere	Jongleur
Leone	Leeuw
Magia	Magie
Mago	Goochelaar
Musica	Muziek
Palloncini	Ballonnen
Parata	Parade
Scimmia	Aap
Spettacolare	Spectaculair
Spettatore	Toeschouwer
Tenda	Tent
Tigre	Tijger
Trucco	Truc

Città
Stad

Aeroporto	Luchthaven
Banca	Bank
Biblioteca	Bibliotheek
Cinema	Bioscoop
Clinica	Kliniek
Farmacia	Apotheek
Fiorista	Bloemist
Galleria	Galerij
Hotel	Hotel
Libreria	Boekhandel
Mercato	Markt
Museo	Museum
Negozio	Winkel
Panetteria	Bakkerij
Scuola	School
Stadio	Stadion
Supermercato	Supermarkt
Teatro	Theater
Università	Universiteit
Zoo	Dierentuin

Corpo Umano
Menselijk Lichaam

Bocca	Mond
Caviglia	Enkel
Cervello	Hersenen
Collo	Nek
Cuore	Hart
Dito	Vinger
Faccia	Gezicht
Gamba	Been
Ginocchio	Knie
Gomito	Elleboog
Mano	Hand
Mento	Kin
Naso	Neus
Occhio	Oog
Orecchio	Oor
Pelle	Huid
Sangue	Bloed
Spalla	Schouder
Stomaco	Maag
Testa	Hoofd

Creatività
Creativiteit

Abilità	Vaardigheid
Artistico	Artistiek
Autenticità	Echtheid
Chiarezza	Helderheid
Drammatico	Dramatisch
Emozioni	Emoties
Espressione	Uitdrukking
Fluidità	Vloeibaarheid
Idee	Ideeën
Immaginazione	Verbeelding
Immagine	Beeld
Impressione	Indruk
Intensità	Intensiteit
Intuizione	Intuïtie
Inventivo	Inventief
Ispirazione	Inspiratie
Sensazione	Gevoel
Spontaneo	Spontaan
Visioni	Visioenen
Vitalità	Vitaliteit

Cucina
Keuken

Bacchette	Eetstokjes
Bollitore	Ketel
Brocca	Kruik
Cibo	Voedsel
Ciotola	Kom
Coltelli	Messen
Congelatore	Vriezer
Cucchiai	Lepels
Forchette	Vorken
Forno	Oven
Frigorifero	Koelkast
Grembiule	Schort
Griglia	Grill
Mestolo	Pollepel
Ricetta	Recept
Spezie	Specerijen
Spugna	Spons
Tazze	Cup
Tovagliolo	Servet
Vaso	Pot

Danza
Dans

Accademia	Academie
Arte	Kunst
Classico	Klassiek
Compagno	Partner
Coreografia	Choreografie
Corpo	Lichaam
Cultura	Cultuur
Culturale	Cultureel
Emozione	Emotie
Espressivo	Expressief
Gioioso	Blij
Grazia	Genade
Movimento	Beweging
Musica	Muziek
Postura	Houding
Prova	Repetitie
Ritmo	Ritme
Salto	Springen
Tradizionale	Traditioneel
Visivo	Visueel

Diplomazia
Diplomatie

Ambasciata	Ambassade
Ambasciatore	Ambassadeur
Cittadini	Burgers
Civico	Burgerlijk
Comunità	Gemeenschap
Conflitto	Conflict
Consigliere	Adviseur
Cooperazione	Samenwerking
Diplomatico	Diplomatiek
Discussione	Discussie
Etica	Ethiek
Giustizia	Gerechtigheid
Governo	Regering
Integrità	Integriteit
Politica	Politiek
Risoluzione	Resolutie
Sicurezza	Veiligheid
Soluzione	Oplossing
Trattato	Verdrag
Umanitario	Humanitair

Discipline Scientifiche
Wetenschappelijke Discip

Anatomia	Anatomie
Archeologia	Archeologie
Astronomia	Astronomie
Biochimica	Biochemie
Biologia	Biologie
Botanica	Plantkunde
Chimica	Chemie
Ecologia	Ecologie
Fisiologia	Fysiologie
Geologia	Geologie
Immunologia	Immunologie
Linguistica	Taalkunde
Meccanica	Mechanica
Meteorologia	Meteorologie
Mineralogia	Mineralogie
Neurologia	Neurologie
Nutrizione	Voeding
Psicologia	Psychologie
Sociologia	Sociologie
Zoologia	Zoölogie

Ecologia
Ecologie

Clima	Klimaat
Diversità	Diversiteit
Fauna	Fauna
Flora	Flora
Globale	Globaal
Habitat	Habitat
Marino	Marinier
Montagne	Bergen
Natura	Natuur
Naturale	Natuurlijk
Palude	Moeras
Piante	Planten
Siccità	Droogte
Sopravvivenza	Overleving
Sostenibile	Duurzaam
Specie	Soort
Varietà	Variëteit
Vegetazione	Vegetatie
Volontari	Vrijwilligers

Edifici
Gebouwen

Ambasciata	Ambassade
Appartamento	Appartement
Cabina	Cabine
Castello	Kasteel
Cinema	Bioscoop
Fabbrica	Fabriek
Fienile	Schuur
Hotel	Hotel
Laboratorio	Laboratorium
Museo	Museum
Ospedale	Ziekenhuis
Osservatorio	Observatorium
Ostello	Herberg
Scuola	School
Stadio	Stadion
Supermercato	Supermarkt
Teatro	Theater
Tenda	Tent
Torre	Toren
Università	Universiteit

Elettricità
Elektriciteit

Attrezzatura	Apparatuur
Batteria	Accu
Cavo	Kabel
Conservazione	Opslag
Elettricista	Elektricien
Elettrico	Elektrisch
Fili	Draden
Generatore	Generator
Lampada	Lamp
Laser	Laser
Magnete	Magneet
Negativo	Negatief
Oggetti	Objecten
Positivo	Positief
Presa	Stopcontact
Quantità	Hoeveelheid
Rete	Netwerk
Telefono	Telefoon
Televisione	Televisie

Emozioni
Emoties

Amore	Liefde
Calma	Kalm
Contenuto	Inhoud
Eccitato	Opgewonden
Gioia	Vreugde
Grato	Dankbaar
Imbarazzato	Beschaamd
Noia	Verveling
Pace	Vrede
Paura	Angst
Rabbia	Woede
Rilassato	Ontspannen
Rilievo	Opluchting
Simpatia	Sympathie
Soddisfatto	Tevreden
Sorpresa	Verrassing
Tenerezza	Tederheid
Tranquillità	Rust
Tristezza	Droefheid

Energia
Energie

Ambiente	Omgeving
Batteria	Accu
Benzina	Benzine
Calore	Warmte
Carbonio	Koolstof
Carburante	Brandstof
Diesel	Diesel
Elettrico	Elektrisch
Elettrone	Elektron
Entropia	Entropie
Fotone	Foton
Idrogeno	Waterstof
Industria	Industrie
Inquinamento	Vervuiling
Motore	Motor
Nucleare	Nucleair
Rinnovabile	Hernieuwbaar
Turbina	Turbine
Vapore	Stoom
Vento	Wind

Erboristeria
Herbalisme

Aglio	Knoflook
Aneto	Dille
Aromatico	Aromatisch
Basilico	Basilicum
Culinario	Culinair
Dragoncello	Dragon
Finocchio	Venkel
Fiore	Bloem
Giardino	Tuin
Ingrediente	Ingrediënt
Lavanda	Lavendel
Maggiorana	Marjolein
Menta	Munt
Origano	Oregano
Prezzemolo	Peterselie
Qualità	Kwaliteit
Rosmarino	Rozemarijn
Timo	Tijm
Verde	Groen
Zafferano	Saffraan

Escursionismo
Wandelen

Acqua	Water
Animali	Dieren
Campeggio	Kamperen
Clima	Klimaat
Guide	Gidsen
Mappa	Kaart
Montagna	Berg
Natura	Natuur
Orientamento	Oriëntatie
Parchi	Parken
Pericoli	Gevaren
Pesante	Zwaar
Pietre	Stenen
Preparazione	Voorbereiding
Scogliera	Klif
Selvaggio	Wild
Sole	Zon
Stanco	Moe
Stivali	Laarzen
Vertice	Top

Famiglia
Familie

Antenato	Voorouder
Bambini	Kinderen
Bambino	Kind
Figlia	Dochter
Fratello	Broer
Gemelli	Tweeling
Infanzia	Jeugd
Madre	Moeder
Marito	Man
Moglie	Vrouw
Nipote	Neef
Nipote	Nicht
Nonna	Grootmoeder
Nonno	Opa
Padre	Vader
Paterno	Vaderlijk
Sorella	Zus
Zia	Tante
Zio	Oom

Fantascienza
Meer Informatie

Atomico	Atoom
Cinema	Bioscoop
Distopia	Dystopie
Esplosione	Explosie
Estremo	Extreem
Fantastico	Fantastisch
Fuoco	Brand
Futuristico	Futuristisch
Illusione	Illusie
Immaginario	Denkbeeldig
Libri	Boeken
Misterioso	Mysterieus
Mondo	Wereld
Oracolo	Orakel
Pianeta	Planeet
Realistico	Realistisch
Robot	Robots
Scenario	Scenario
Tecnologia	Technologie
Utopia	Utopie

Fattoria #1
Boerderij #1

Acqua	Water
Agricoltura	Landbouw
Ape	Bij
Asino	Ezel
Campo	Veld
Cane	Hond
Capra	Geit
Cavallo	Paard
Fertilizzante	Mest
Fieno	Hooi
Gatto	Kat
Gregge	Kudde
Maiale	Varken
Miele	Honing
Mucca	Koe
Pollo	Kip
Recinto	Hek
Riso	Rijst
Semi	Zaden
Vitello	Kalf

Fattoria #2
Boerderij #2

Agnello	Lam
Agricoltore	Boer
Alveare	Bijenkorf
Anatra	Eend
Animali	Dieren
Cibo	Voedsel
Fienile	Schuur
Frutta	Fruit
Frutteto	Boomgaard
Grano	Tarwe
Irrigazione	Irrigatie
Lama	Lama
Latte	Melk
Mais	Maïs
Oche	Ganzen
Orzo	Gerst
Pastore	Herder
Pecora	Schaap
Prato	Weide
Trattore	Tractor

Fiori
Bloemen

Gardenia	Gardenia
Gelsomino	Jasmijn
Giglio	Lelie
Girasole	Zonnebloem
Ibisco	Hibiscus
Lavanda	Lavendel
Lilla	Lila
Magnolia	Magnolia
Margherita	Madeliefje
Mazzo	Boeket
Narciso	Narcis
Orchidea	Orchidee
Papavero	Papaver
Passiflora	Passiebloem
Peonia	Pioenroos
Petalo	Bloemblad
Plumeria	Plumeria
Rosa	Roos
Trifoglio	Klaver
Tulipano	Tulp

Fisica
Natuurkunde

Accelerazione	Versnelling
Atomo	Atoom
Caos	Chaos
Chimico	Chemisch
Densità	Dichtheid
Elettrone	Elektron
Espansione	Uitbreiding
Formula	Formule
Frequenza	Frequentie
Gas	Gas
Gravità	Zwaartekracht
Magnetismo	Magnetisme
Meccanica	Mechanica
Molecola	Molecuul
Motore	Motor
Nucleare	Nucleair
Particella	Deeltje
Relatività	Relativiteit
Universale	Universeel
Velocità	Snelheid

Foresta Pluviale
Regenwoud

Anfibi	Amfibieën
Botanico	Botanisch
Clima	Klimaat
Comunità	Gemeenschap
Diversità	Diversiteit
Giungla	Jungle
Indigeno	Inheems
Insetti	Insecten
Mammiferi	Zoogdieren
Muschio	Mos
Natura	Natuur
Nuvole	Wolken
Preservazione	Behoud
Prezioso	Waardevol
Restauro	Restauratie
Rifugio	Toevlucht
Rispetto	Respect
Sopravvivenza	Overleving
Specie	Soort
Uccelli	Vogels

Forme
Vormen

Angolo	Hoek
Arco	Boog
Bordi	Randen
Cerchio	Cirkel
Cilindro	Cilinder
Cono	Kegel
Cubo	Kubus
Curva	Curve
Iperbole	Hyperbool
Lato	Kant
Linea	Lijn
Ovale	Ovaal
Piramide	Piramide
Poligono	Veelhoek
Prisma	Prisma
Quadrato	Vierkant
Rettangolo	Rechthoek
Rotondo	Ronde
Sfera	Bol
Triangolo	Driehoek

Forniture Artistiche
Kunstbenodigdheden

Acqua	Water
Acquerelli	Aquarellen
Acrilico	Acryl
Argilla	Klei
Carbone	Houtskool
Carta	Papier
Cavalletto	Ezel
Colla	Lijm
Colori	Kleuren
Creatività	Creativiteit
Gomma	Gom
Idee	Ideeën
Inchiostro	Inkt
Matite	Potloden
Olio	Olie
Pastelli	Pastel
Sedia	Stoel
Spazzole	Borstels
Tavolo	Tafel
Telecamera	Camera

Forza e Gravità
Kracht en Zwaartekracht

Asse	As
Attrito	Wrijving
Centro	Centrum
Dinamico	Dynamisch
Distanza	Afstand
Espansione	Uitbreiding
Fisica	Natuurkunde
Impatto	Impact
Magnetismo	Magnetisme
Meccanica	Mechanica
Movimento	Beweging
Orbita	Baan
Peso	Gewicht
Pianeti	Planeten
Pressione	Druk
Proprietà	Eigendommen
Scoperta	Ontdekking
Tempo	Tijd
Universale	Universeel
Velocità	Snelheid

Frutta
Fruit

Albicocca	Abrikoos
Ananas	Ananas
Arancia	Oranje
Avocado	Avocado
Bacca	Bes
Banana	Banaan
Ciliegia	Kers
Kiwi	Kiwi
Lampone	Framboos
Limone	Citroen
Mango	Mango
Mela	Appel
Melone	Meloen
Mora	Braam
Nettarina	Nectarine
Papaia	Papaja
Pera	Peer
Pesca	Perzik
Prugna	Pruim
Uva	Druif

Geografia
Geografie

Altitudine	Hoogte
Atlante	Atlas
Città	Stad
Continente	Continent
Emisfero	Halfrond
Fiume	Rivier
Isola	Eiland
Latitudine	Breedtegraad
Longitudine	Lengtegraad
Mappa	Kaart
Mare	Zee
Meridiano	Meridiaan
Mondo	Wereld
Montagna	Berg
Nord	Noorden
Ovest	Westen
Paese	Land
Regione	Regio
Sud	Zuiden
Territorio	Grondgebied

Geologia
Geologie

Acido	Zuur
Altopiano	Plateau
Calcio	Calcium
Caverna	Grot
Continente	Continent
Corallo	Koraal
Cristalli	Kristallen
Erosione	Erosie
Fossile	Fossiel
Geyser	Geiser
Lava	Lava
Minerali	Mineralen
Pietra	Steen
Quarzo	Kwarts
Sale	Zout
Stalagmiti	Stalagmieten
Stalattite	Stalactiet
Strato	Laag
Terremoto	Aardbeving
Vulcano	Vulkaan

Geometria
Geometrie

Altezza	Hoogte
Angolo	Hoek
Calcolo	Berekening
Cerchio	Cirkel
Curva	Curve
Diametro	Diameter
Dimensione	Dimensie
Equazione	Vergelijking
Logica	Logica
Mediano	Mediaan
Numero	Nummer
Orizzontale	Horizontaal
Parallelo	Parallel
Proporzione	Proportie
Segmento	Segment
Simmetria	Symmetrie
Superficie	Oppervlak
Teoria	Theorie
Triangolo	Driehoek
Verticale	Verticaal

Giardino
Tuin

Albero	Boom
Amaca	Hangmat
Cespuglio	Struik
Erba	Gras
Erbacce	Onkruid
Fiore	Bloem
Frutteto	Boomgaard
Garage	Garage
Giardino	Tuin
Pala	Schop
Panca	Bank
Prato	Gazon
Rastrello	Hark
Recinto	Hek
Stagno	Vijver
Suolo	Bodem
Terrazza	Terras
Trampolino	Trampoline
Tubo	Slang
Vite	Wijnstok

Giorni e Mesi
Dagen en Maanden

Agosto	Augustus
Anno	Jaar
Aprile	April
Calendario	Kalender
Dicembre	December
Domenica	Zondag
Febbraio	Februari
Gennaio	Januari
Giugno	Juni
Luglio	Juli
Lunedì	Maandag
Martedì	Dinsdag
Mercoledì	Woensdag
Mese	Maand
Novembre	November
Ottobre	Oktober
Sabato	Zaterdag
Settembre	September
Settimana	Week
Venerdì	Vrijdag

Governo
Overheid

Capo	Leider
Cittadinanza	Burgerschap
Civile	Civiel
Costituzione	Grondwet
Democrazia	Democratie
Diritti	Rechten
Discorso	Toespraak
Discussione	Discussie
Giudiziario	Gerechtelijk
Giustizia	Gerechtigheid
Legge	Wet
Libertà	Vrijheid
Monumento	Monument
Nazionale	Nationaal
Nazione	Natie
Politica	Politiek
Quartiere	Wijk
Simbolo	Symbool
Stato	Staat
Uguaglianza	Gelijkheid

Guida
Rijden

Auto	Auto
Autobus	Bus
Carburante	Brandstof
Freni	Remmen
Garage	Garage
Gas	Gas
Incidente	Ongeluk
Licenza	Licentie
Mappa	Kaart
Moto	Motorfiets
Motore	Motor
Pedonale	Voetganger
Pericolo	Gevaar
Polizia	Politie
Sicurezza	Veiligheid
Strada	Weg
Traffico	Verkeer
Trasporto	Vervoer
Tunnel	Tunnel
Velocità	Snelheid

I Media
De Media

Commerciale	Commercieel
Comunicazione	Communicatie
Digitale	Digitaal
Edizione	Editie
Educazione	Onderwijs
Fatti	Feiten
Finanziamento	Financiering
Foto	Foto'S
Giornali	Kranten
Individuale	Individueel
Industria	Industrie
Intellettuale	Intellectueel
Locale	Lokaal
Online	Online
Opinione	Mening
Pubblicità	Advertenties
Pubblico	Publiek
Radio	Radio
Rete	Netwerk
Televisione	Televisie

Imbarcazioni
Boten

Albero	Mast
Ancora	Anker
Barca a Vela	Zeilboot
Boa	Boei
Canoa	Kano
Corda	Touw
Equipaggio	Bemanning
Fiume	Rivier
Kayak	Kajak
Lago	Meer
Mare	Zee
Marea	Tij
Marinaio	Matroos
Motore	Motor
Nautico	Nautisch
Oceano	Oceaan
Onde	Golven
Traghetto	Veerboot
Yacht	Jacht
Zattera	Vlot

Ingegneria
Engineering

Angolo	Hoek
Asse	As
Calcolo	Berekening
Costruzione	Bouw
Diagramma	Diagram
Diametro	Diameter
Diesel	Diesel
Distribuzione	Distributie
Energia	Energie
Forza	Kracht
Ingranaggi	Versnellingen
Liquido	Vloeistof
Macchina	Machine
Misurazione	Meting
Motore	Motor
Profondità	Diepte
Propulsione	Voortstuwing
Rotazione	Rotatie
Stabilità	Stabiliteit
Struttura	Structuur

Jazz
Jazz

Album	Album
Applauso	Applaus
Artista	Artiest
Canzone	Lied
Compositore	Componist
Composizione	Samenstelling
Concerto	Concert
Enfasi	Nadruk
Famoso	Beroemd
Genere	Genre
Improvvisazione	Improvisatie
Musica	Muziek
Nuovo	Nieuw
Orchestra	Orkest
Preferiti	Favorieten
Ritmo	Ritme
Stile	Stijl
Talento	Talent
Tecnica	Techniek
Vecchio	Oud

Letteratura
Literatuur

Analisi	Analyse
Analogia	Analogie
Aneddoto	Anekdote
Autore	Auteur
Biografia	Biografie
Conclusione	Conclusie
Confronto	Vergelijking
Descrizione	Omschrijving
Dialogo	Dialoog
Genere	Genre
Metafora	Metafoor
Opinione	Mening
Poesia	Gedicht
Poetico	Poëtisch
Rima	Rijm
Ritmo	Ritme
Romanzo	Roman
Stile	Stijl
Tema	Thema
Tragedia	Tragedie

Libri
Boeken

Autore	Auteur
Avventura	Avontuur
Collezione	Collectie
Contesto	Context
Dualità	Dualiteit
Epico	Episch
Inventivo	Inventief
Letterario	Literair
Lettore	Lezer
Narratore	Verteller
Pagina	Bladzijde
Poesia	Poëzie
Rilevante	Relevant
Romanzo	Roman
Scritto	Geschreven
Serie	Serie
Storia	Verhaal
Storico	Historisch
Tragico	Tragisch
Umoristico	Humoristisch

Mammiferi
Zoogdieren

Balena	Walvis
Cane	Hond
Canguro	Kangoeroe
Cavallo	Paard
Cervo	Hert
Coniglio	Konijn
Coyote	Coyote
Delfino	Dolfijn
Elefante	Olifant
Gatto	Kat
Giraffa	Giraf
Gorilla	Gorilla
Leone	Leeuw
Lupo	Wolf
Orso	Beer
Pecora	Schaap
Scimmia	Aap
Toro	Stier
Volpe	Vos
Zebra	Zebra

Matematica
Wiskunde

Angoli	Hoeken
Aritmetica	Rekenkundig
Decimale	Decimaal
Diametro	Diameter
Divisione	Divisie
Equazione	Vergelijking
Esponente	Exponent
Frazione	Fractie
Geometria	Geometrie
Parallelo	Parallel
Perimetro	Omtrek
Perpendicolare	Loodrecht
Poligono	Veelhoek
Quadrato	Vierkant
Raggio	Straal
Rettangolo	Rechthoek
Simmetria	Symmetrie
Somma	Som
Triangolo	Driehoek
Volume	Volume

Meditazione
Meditatie

Accettazione	Aanvaarding
Attenzione	Aandacht
Calma	Kalm
Chiarezza	Helderheid
Compassione	Mededogen
Emozioni	Emoties
Felicità	Geluk
Gratitudine	Dankbaarheid
Mentale	Mentaal
Mente	Geest
Movimento	Beweging
Musica	Muziek
Natura	Natuur
Osservazione	Observatie
Pace	Vrede
Pensieri	Gedachten
Postura	Houding
Prospettiva	Perspectief
Respirazione	Ademhaling
Silenzio	Stilte

Meteo
Weersomstandigheden

Arcobaleno	Regenboog
Asciutto	Droog
Atmosfera	Atmosfeer
Brezza	Bries
Cielo	Hemel
Clima	Klimaat
Fulmine	Bliksem
Ghiaccio	Ijs
Monsone	Moesson
Nebbia	Mist
Nube	Wolk
Polare	Polair
Siccità	Droogte
Temperatura	Temperatuur
Tempesta	Storm
Tornado	Tornado
Tropicale	Tropisch
Tuono	Donder
Uragano	Orkaan
Vento	Wind

Misurazioni
Metingen

Altezza	Hoogte
Byte	Byte
Centimetro	Centimeter
Chilogrammo	Kilogram
Chilometro	Kilometer
Decimale	Decimaal
Grado	Graad
Grammo	Gram
Larghezza	Breedte
Litro	Liter
Lunghezza	Lengte
Metro	Meter
Minuto	Minuut
Oncia	Ons
Peso	Gewicht
Pinta	Pint
Pollice	Inch
Profondità	Diepte
Tonnellata	Ton
Volume	Volume

Mitologia
Mythologie

Archetipo	Archetype
Comportamento	Gedrag
Creatura	Wezen
Creazione	Creatie
Credenze	Overtuigingen
Cultura	Cultuur
Disastro	Ramp
Divinità	Godheden
Eroe	Held
Forza	Kracht
Fulmine	Bliksem
Gelosia	Jaloezie
Guerriero	Krijger
Labirinto	Doolhof
Leggenda	Legende
Magico	Magisch
Mortale	Sterfelijk
Mostro	Monster
Tuono	Donder
Vendetta	Wraak

Moda
Mode

Abbigliamento	Kleding
Boutique	Winkel
Caro	Duur
Confortevole	Comfortabel
Elegante	Elegant
Misure	Afmetingen
Modello	Patroon
Moderno	Modern
Modesto	Bescheiden
Originale	Origineel
Pizzo	Kant
Pratico	Praktisch
Pulsanti	Knop
Ricamo	Borduurwerk
Semplice	Eenvoudig
Stile	Stijl
Tendenza	Trend
Tessuto	Stof
Trama	Textuur

Musica
Muziek

Album	Album
Armonia	Harmonie
Armonico	Harmonisch
Ballata	Ballade
Cantante	Zanger
Cantare	Zingen
Classico	Klassiek
Coro	Koor
Lirico	Lyrisch
Melodia	Melodie
Microfono	Microfoon
Musicale	Muzikaal
Musicista	Muzikant
Opera	Opera
Poetico	Poëtisch
Registrazione	Opname
Ritmico	Ritmisch
Ritmo	Ritme
Strumento	Instrument
Vocale	Vocaal

Natura
Natuur

Animali	Dieren
Api	Bijen
Artico	Arctisch
Bellezza	Schoonheid
Deserto	Woestijn
Dinamico	Dynamisch
Erosione	Erosie
Fiume	Rivier
Fogliame	Gebladerte
Foresta	Bos
Ghiacciaio	Gletsjer
Montagne	Bergen
Nebbia	Mist
Nuvole	Wolken
Rifugio	Schuilplaats
Santuario	Heiligdom
Selvaggio	Wild
Sereno	Sereen
Tropicale	Tropisch
Vitale	Vitaal

Numeri
Getallen

Cinque	Vijf
Decimale	Decimaal
Diciannove	Negentien
Diciassette	Zeventien
Diciotto	Achttien
Dieci	Tien
Dodici	Twaalf
Due	Twee
Nove	Negen
Otto	Acht
Quattordici	Veertien
Quattro	Vier
Quindici	Vijftien
Sedici	Zestien
Sei	Zes
Sette	Zeven
Tre	Drie
Tredici	Dertien
Venti	Twintig
Zero	Nul

Nutrizione
Voeding

Amaro	Bitter
Appetito	Eetlust
Bilanciato	Evenwichtig
Calorie	Calorieën
Carboidrati	Koolhydraten
Commestibile	Eetbaar
Dieta	Dieet
Fermentazione	Fermentatie
Gusto	Smaak
Liquidi	Vloeistoffen
Nutriente	Voedingsstof
Peso	Gewicht
Proteine	Eiwitten
Qualità	Kwaliteit
Salsa	Saus
Salute	Gezondheid
Sano	Gezond
Spezie	Specerijen
Tossina	Toxine
Vitamina	Vitamine

Oceano
Oceaan

Anguilla	Aal
Balena	Walvis
Barca	Boot
Corallo	Koraal
Delfino	Dolfijn
Gamberetto	Garnaal
Granchio	Krab
Maree	Getijden
Medusa	Kwal
Onde	Golven
Ostrica	Oester
Pesce	Vis
Polpo	Octopus
Sale	Zout
Scogliera	Rif
Spugna	Spons
Squalo	Haai
Tartaruga	Schildpad
Tempesta	Storm
Tonno	Tonijn

Paesaggi
Landschappen

Cascata	Waterval
Collina	Heuvel
Deserto	Woestijn
Fiume	Rivier
Geyser	Geiser
Ghiacciaio	Gletsjer
Grotta	Grot
Iceberg	Ijsberg
Isola	Eiland
Lago	Meer
Mare	Zee
Montagna	Berg
Oasi	Oase
Oceano	Oceaan
Palude	Moeras
Penisola	Schiereiland
Spiaggia	Strand
Tundra	Toendra
Valle	Vallei
Vulcano	Vulkaan

Paesi #1
Landen #1

Brasile	Brazilië
Cambogia	Cambodja
Canada	Canada
Egitto	Egypte
Finlandia	Finland
Germania	Duitsland
India	India
Iraq	Irak
Israele	Israël
Libia	Libië
Mali	Mali
Marocco	Marokko
Norvegia	Noorwegen
Panama	Panama
Polonia	Polen
Romania	Roemenië
Senegal	Senegal
Spagna	Spanje
Venezuela	Venezuela
Vietnam	Vietnam

Paesi #2
Landen #2

Albania	Albani
Danimarca	Denemarken
Etiopia	Ethiopië
Giamaica	Jamaica
Giappone	Japan
Grecia	Griekenland
Haiti	Haïti
Indonesia	Indonesië
Irlanda	Ierland
Laos	Laos
Liberia	Liberia
Messico	Mexico
Nepal	Nepal
Nigeria	Nigeria
Pakistan	Pakistan
Russia	Rusland
Siria	Syrië
Sudan	Soedan
Ucraina	Oekraïne
Uganda	Oeganda

Piante
Installaties

Albero	Boom
Bacca	Bes
Bambù	Bamboe
Botanica	Plantkunde
Cactus	Cactus
Cespuglio	Struik
Crescere	Groeien
Edera	Klimop
Erba	Gras
Fagiolo	Boon
Fertilizzante	Mest
Fiore	Bloem
Flora	Flora
Fogliame	Gebladerte
Foresta	Bos
Giardino	Tuin
Muschio	Mos
Petalo	Bloemblad
Radice	Wortel
Vegetazione	Vegetatie

Professioni #1
Beroepen #1

Allenatore	Trainer
Ambasciatore	Ambassadeur
Artista	Artiest
Astronomo	Astronoom
Avvocato	Advocaat
Ballerino	Danser
Banchiere	Bankier
Cacciatore	Jager
Cartografo	Cartograaf
Editore	Editor
Farmacista	Apotheker
Geologo	Geoloog
Gioielliere	Juwelier
Idraulico	Loodgieter
Infermiera	Verpleegster
Musicista	Muzikant
Pianista	Pianist
Psicologo	Psycholoog
Scienziato	Wetenschapper
Veterinario	Dierenarts

Professioni #2
Beroepen #2

Agricoltore	Boer
Astronauta	Astronaut
Biologo	Bioloog
Chirurgo	Chirurg
Dentista	Tandarts
Detective	Detective
Filosofo	Filosoof
Fotografo	Fotograaf
Giardiniere	Tuinman
Giornalista	Journalist
Illustratore	Illustrator
Ingegnere	Ingenieur
Insegnante	Leraar
Inventore	Uitvinder
Linguista	Linguïst
Medico	Arts
Pilota	Piloot
Pittore	Schilder
Ricercatore	Onderzoeker
Zoologo	Zoöloog

Psicologia
Psychologie

Appuntamento	Afspraak
Clinico	Klinisch
Cognizione	Cognitie
Comportamento	Gedrag
Conflitto	Conflict
Ego	Ego
Emozioni	Emoties
Esperienze	Ervaringen
Idee	Ideeën
Inconscio	Bewusteloos
Infanzia	Jeugd
Influenze	Invloed
Pensieri	Gedachten
Percezione	Perceptie
Problema	Probleem
Realtà	Realiteit
Sensazione	Gevoel
Subconscio	Onderbewust
Terapia	Therapie
Valutazione	Beoordeling

Ristorante #1
Restaurant #1

Allergia	Allergie
Caffè	Koffie
Cameriera	Serveerster
Carne	Vlees
Cassiere	Kassier
Cibo	Voedsel
Ciotola	Kom
Coltello	Mes
Cucina	Keuken
Dessert	Toetje
Ingredienti	Ingrediënten
Mangiare	Eten
Menù	Menu
Pane	Brood
Piatto	Bord
Piccante	Pittig
Pollo	Kip
Prenotazione	Reservering
Salsa	Saus
Tovagliolo	Servet

Ristorante #2
Restaurant #2

Acqua	Water
Aperitivo	Voorgerecht
Bevanda	Drank
Cameriere	Ober
Cena	Diner
Cucchiaio	Lepel
Delizioso	Heerlijk
Forchetta	Vork
Frutta	Fruit
Ghiaccio	Ijs
Insalata	Salade
Minestra	Soep
Pesce	Vis
Pranzo	Lunch
Sale	Zout
Sedia	Stoel
Spezie	Specerijen
Torta	Cake
Uova	Eieren
Verdure	Groente

Salute e Benessere #1
Gezondheid en Welzijn #1

Abitudine	Gewoonte
Altezza	Hoogte
Attivo	Actief
Batteri	Bacteriën
Clinica	Kliniek
Fame	Honger
Farmacia	Apotheek
Frattura	Breuk
Medicina	Medicijn
Medico	Dokter
Muscoli	Spieren
Nervi	Zenuwen
Ormoni	Hormonen
Pelle	Huid
Postura	Houding
Riflesso	Reflex
Rilassamento	Ontspanning
Terapia	Therapie
Trattamento	Behandeling
Virus	Virus

Salute e Benessere #2
Gezondheid en Welzijn #2

Allergia	Allergie
Anatomia	Anatomie
Appetito	Eetlust
Caloria	Calorie
Corpo	Lichaam
Dieta	Dieet
Disidratazione	Dehydratie
Energia	Energie
Genetica	Genetica
Igiene	Hygiëne
Infezione	Infectie
Malattia	Ziekte
Massaggio	Massage
Nutrizione	Voeding
Ospedale	Ziekenhuis
Peso	Gewicht
Recupero	Herstel
Sangue	Bloed
Sano	Gezond
Vitamina	Vitamine

Scacchi
Schaken

Avversario	Tegenstander
Bianco	Wit
Campione	Kampioen
Concorso	Wedstrijd
Diagonale	Diagonaal
Giocatore	Speler
Gioco	Spel
Intelligente	Slim
Nero	Zwart
Passivo	Passief
Per Imparare	Leren
Punti	Punten
Re	Koning
Regina	Koningin
Regole	Reglement
Sacrificio	Offer
Sfide	Uitdagingen
Strategia	Strategie
Tempo	Tijd
Torneo	Toernooi

Scienza
Wetenschap

Atomo	Atoom
Chimico	Chemisch
Clima	Klimaat
Dati	Gegevens
Esperimento	Experiment
Evoluzione	Evolutie
Fatto	Feit
Fisica	Natuurkunde
Fossile	Fossiel
Gravità	Zwaartekracht
Ipotesi	Hypothese
Laboratorio	Laboratorium
Metodo	Methode
Minerali	Mineralen
Molecole	Moleculen
Natura	Natuur
Organismo	Organisme
Osservazione	Observatie
Particelle	Deeltjes
Scienziato	Wetenschapper

Spezie
Specerijen

Aglio	Knoflook
Amaro	Bitter
Anice	Anijs
Cannella	Kaneel
Cardamomo	Kardemom
Cipolla	Ui
Coriandolo	Koriander
Cumino	Komijn
Curcuma	Kurkuma
Curry	Kerrie
Dolce	Zoet
Finocchio	Venkel
Liquirizia	Drop
Noce Moscata	Nootmuskaat
Paprika	Paprika
Pepe	Peper
Sale	Zout
Vaniglia	Vanille
Zafferano	Saffraan
Zenzero	Gember

Strumenti Musicali
Muziekinstrumenten

Armonica	Mondharmonica
Arpa	Harp
Banjo	Banjo
Chitarra	Gitaar
Clarinetto	Klarinet
Fagotto	Fagot
Flauto	Fluit
Gong	Gong
Mandolino	Mandoline
Marimba	Marimba
Oboe	Hobo
Percussione	Percussie
Pianoforte	Piano
Sassofono	Saxofoon
Tamburello	Tamboerijn
Tamburo	Trommel
Tromba	Trompet
Trombone	Trombone
Violino	Viool
Violoncello	Cello

Tempo
Tijd

Anno	Jaar
Annuale	Jaarlijks
Calendario	Kalender
Decennio	Decennium
Dopo	Na
Futuro	Toekomst
Giorno	Dag
Ieri	Gisteren
Mattina	Ochtend
Mese	Maand
Mezzogiorno	Middag
Minuto	Minuut
Momento	Moment
Notte	Nacht
Oggi	Vandaag
Ora	Uur
Orologio	Klok
Prima	Voor
Secolo	Eeuw
Settimana	Week

Tipi di Capelli
Haartypes

Argento	Zilver
Asciutto	Droog
Bianco	Wit
Biondo	Blond
Breve	Kort
Calvo	Kaal
Colorato	Gekleurd
Grigio	Grijs
Intrecciato	Gevlochten
Liscio	Glad
Lungo	Lang
Marrone	Bruin
Morbido	Zacht
Nero	Zwart
Riccio	Krullend
Riccioli	Krullen
Sano	Gezond
Sottile	Dun
Spessore	Dik
Trecce	Vlechten

Uccelli
Vogels

Airone	Reiger
Anatra	Eend
Aquila	Adelaar
Cicogna	Ooievaar
Cigno	Zwaan
Cuculo	Koekoek
Falco	Havik
Fenicottero	Flamingo
Gabbiano	Meeuw
Oca	Gans
Pappagallo	Papegaai
Passero	Mus
Pavone	Pauw
Pellicano	Pelikaan
Piccione	Duif
Pinguino	Pinguïn
Pollo	Kip
Struzzo	Struisvogel
Tucano	Toekan
Uovo	Ei

Vacanze #2
Vakantie #2

Aeroporto	Luchthaven
Campeggio	Kamperen
Destinazione	Bestemming
Foto	Foto'S
Hotel	Hotel
Isola	Eiland
Mappa	Kaart
Mare	Zee
Passaporto	Paspoort
Ristorante	Restaurant
Spiaggia	Strand
Straniero	Buitenlander
Taxi	Taxi
Tempo Libero	Vrije Tijd
Tenda	Tent
Trasporto	Vervoer
Treno	Trein
Vacanza	Vakantie
Viaggio	Reis
Visto	Visum

Veicoli
Voertuigen

Aereo	Vliegtuig
Ambulanza	Ambulance
Auto	Auto
Autobus	Bus
Barca	Boot
Bicicletta	Fiets
Camion	Vrachtauto
Caravan	Caravan
Elicottero	Helikopter
Metropolitana	Metro
Motore	Motor
Pneumatici	Banden
Razzo	Raket
Scooter	Scooter
Sottomarino	Onderzeeër
Taxi	Taxi
Traghetto	Veerboot
Trattore	Tractor
Treno	Trein
Zattera	Vlot

Verdure
Groenten

Aglio	Knoflook
Broccolo	Broccoli
Carciofo	Artisjok
Carota	Wortel
Cetriolo	Komkommer
Cipolla	Ui
Fungo	Paddestoel
Insalata	Salade
Melanzana	Aubergine
Patata	Aardappel
Pisello	Erwt
Pomodoro	Tomaat
Prezzemolo	Peterselie
Rapa	Raap
Ravanello	Radijs
Scalogno	Sjalot
Sedano	Selderij
Spinaci	Spinazie
Zenzero	Gember
Zucca	Pompoen

Vestiti
Kleding

Abito	Jurk
Braccialetto	Armband
Camicetta	Blouse
Camicia	Shirt
Cappello	Hoed
Cappotto	Jas
Cintura	Riem
Collana	Ketting
Giacca	Jasje
Gonna	Rok
Grembiule	Schort
Guanti	Handschoenen
Jeans	Jeans
Maglione	Trui
Moda	Mode
Pantaloni	Broek
Pigiama	Pyjama
Sandali	Sandalen
Scarpa	Schoen
Sciarpa	Sjaal

Congratulazioni

Ce l'hai fatta!

Speriamo che questo libro vi sia piaciuto tanto quanto a noi è piaciuto concepirlo. Ci sforziamo di creare libri della più alta qualità possibile.
Questa edizione è progettata per fornire un apprendimento intelligente, di qualità e divertente!

Le è piaciuto questo libro?

Una Semplice Richiesta

Questi libri esistono grazie alle recensioni che pubblicate.

Puoi aiutarci lasciando una recensione
ora a questo link ?

BestBooksActivity.com/Recensioni50

SFIDA FINALE!

Sfida n°1

Sei pronto per il tuo gioco gratuito? Li usiamo sempre, ma non sono così facili da trovare - ecco i **Sinonimi!**

Scrivi 5 parole che hai trovato nei puzzle (n° 21, n° 36, n° 76) e prova a trovare 2 sinonimi per ogni parola.

Scrivi 5 parole del *Puzzle 21*

Parole	Sinonimo 1	Sinonimo 2

Scrivi 5 parole del *Puzzle 36*

Parole	Sinonimo 1	Sinonimo 2

Scrivi 5 parole del *Puzzle 76*

Parole	Sinonimo 1	Sinonimo 2

Sfida n°2

Ora che ti sei riscaldato, scrivi 5 parole che hai trovato nei puzzle n° 9,
n° 17 e n° 25 e cerca di trovare 2 contrari per ogni parola. Quanti ne puoi
trovare in 20 minuti?

Scrivi 5 parole del **Puzzle 9**

Parole	Antonimo 1	Antonimo 2

Scrivi 5 parole del **Puzzle 17**

Parole	Antonimo 1	Antonimo 2

Scrivi 5 parole del **Puzzle 25**

Parole	Antonimo 1	Antonimo 2

Sfida n°3

Grande! Questa sfida non è niente per te!

Pronto per la sfida finale? Scegli 10 parole che hai scoperto nei diversi puzzle e scrivile qui sotto.

1.	6.
2.	7.
3.	8.
4.	9.
5.	10.

Ora scrivi un testo pensando a una persona, un animale o un luogo che ti piace.

Puoi usare l'ultima pagina di questo libro come bozza.

La tua composizione:

_____

_____

_____

_____

_____

_____

_____

_____

_____

TACCUINO:

A PRESTO!

Tutta la Squadra

SCOPRIRE GIOCHI GRATIS

GO

↓

BESTACTIVITYBOOKS.COM/FREEGAMES